青少年校园美文精品集萃丛书
成长同行系列

成长是乘风破浪的勇气

《中学生博览》杂志社 选编

时代文艺出版社

图书在版编目（CIP）数据

成长是乘风破浪的勇气 /《中学生博览》杂志社选编. — 长春：时代文艺出版社，2021.3
（青少年校园美文精品集萃丛书. 成长同行系列）

ISBN 978-7-5387-6563-2

Ⅰ. ①成… Ⅱ. ①中… Ⅲ. ①作文－中小学－选集 Ⅳ. ①H194.5

中国版本图书馆CIP数据核字（2020）第257403号

出 品 人　陈　琛

产品总监　邓淑杰

责任编辑　王　峰

装帧设计　孙　利

排版制作　隋淑凤

成长是乘风破浪的勇气

《中学生博览》杂志社　选编

出版发行 / 时代文艺出版社
地址 / 长春市福祉大路5788号　龙腾国际大厦A座15层　邮编 / 130118
总编办 / 0431-81629751　发行部 / 0431-81629755　北京开发部 / 010-63108163
官方微博 / weibo.com / tlapress　天猫旗舰店 / sdwycbsgf.tmall.com
印刷 / 三河市嵩川印刷有限公司
开本 / 880mm×1230mm　1 / 32　字数 / 135千字　印张 / 7
版次 / 2021年3月第1版　印次 / 2021年3月第1次印刷　定价 / 36.00元

编 委 会

Contents

目 录

谁的纸条在飞

老楼里的时光

亲爱的小孩儿

蘑菇蘑菇不开花

蘑菇蘑菇不开花

蓝格子

1

在听闻许然成为大众情人的时候，我是没有丝毫诧异的。文科班狼多肉少的境况再加上"歪瓜裂枣"的衬托，活生生造出了一个男神。

然而每当想到这个，我总是想用一种沧桑的声音告诉许然：那些女生只是浮于表面，只有我在乎内在。当然这句话的潜台词就是"你不选我除非你瞎了眼"。

可惜这句话一直没有说出口，许然也在一批女生的爱慕下活得风生水起。

数学成绩出来的时候，我正在没心没肺地转笔，在听到自己名字后，看似淡定地取回成绩，然后随手一丢以显示自己的不在意，可谁清楚我的心里已经乐开了花。

"年又又，你真厉害，又是第一。"

"怎么会有数学这么好的女生。"

……

面对这样的评价，我总是保持微笑，做出一副宠辱不惊的模样，再低下头以迅雷之势将目光甩向许然。

他微微低着头看不清表情，手紧紧捏住试卷，应该是不满意这次的成绩。

也对，现如今能打击到许然的也只有成绩。美女已有，现在缺少的只是成功的鲜花。

2

阿格下课后端着凳子跑到我附近，看着接近满分的试卷并没有多欣慰，甚至有些哀怨，当然这份情绪很快就在她紧握我的手的时候表现出来。

"又又，你真的要这么拼吗？手上的伤疤是不是又多了些？"

我想我是应该感到庆幸的，至少在我飞得很高的时候身边还有人询问我是否累了。

指尖抚过手腕上的伤疤，历历在目。年岁久一些的已褪去，不仔细辨认是觉察不出的，新伤疤透着诱人的肉红色。那是做不出数学题目时留下的印记，那些夜晚像扰人的梦魇。

阿格说过的一句话我是同意的，她说我是一个傻子，明明没有天赋，却非要弄出一副数学天才的模样。嗯，是的，我只是不希望他们觉得我活得太累，我需要的是敬佩而不是单纯的同情。

看来分数的打击让许然已慢慢失去了战斗力，很快我便又看见他和身边的女生闹腾起来，连笑容都是同样的弧度。

不知怎么，那日的阳光有些刺眼。

那么，你有过这种感觉吗？你那么奋力去追逐一个人的脚步，那么希望他无须抬头就可以看见你的光芒，你需要的不过是一点点可笑的存在感，可是无论你多么优秀，在那个人的心里都无法激起涟漪。

因为，你根本不在他心里。

班级里的低落情绪持续了好几天后又开始慢慢恢复活跃。

稿纸上演算了无数遍的题目，就在我打算放弃时，却看见许然走来。

"嗨，年又又，这个星期我生日，你要不要来？"

旁边的阿格对我挤眉弄眼，我连忙答应，待许然走后，她便一个板栗敲在我头上，"你答应干吗？我是不可能陪你去的！"

"我以为你那表情是劝我去。"

"……算了，你好自为之吧，祝你平安。"

再拿起笔的时候早已是心神不宁。从衣服到鞋子，脑海中出现了无数的搭配画面，然后轮流滚动。

我承认我有些晕。

3

那日天公倒是作了一回美。

KTV里一片昏暗，满满的很多人，而叫得上名的却只有那么几个。女子皆是短裤高跟鞋，涂抹着淡妆，姣好的容颜更加动人，像是要把平日里学校禁止的一切都迫不及待地展示出来。我看着自己的大T恤旧牛仔，不禁低下头，默默走进去，然后选择了一个较隐蔽的位置，巴不得给自己安上一个"你们都看不见我"的咒语。

我是不属于这里的，我知道。

许然的东道主角色倒是发挥得不错，对每个人都温和有礼，配上灿烂的笑容，我想他都可以去拍广告了，代言牙膏最合适。

握着麦克风的手换了又换，我自岿然不动。不知怎么，场面突然安静下来，待我抬头时便迎来许然的目光。

"那么，年又又吧。"还没弄清情况，身边的人便趁着灰暗将麦克风强塞到我的手中，也不管我是否愿意。

看着屏幕上显示的歌曲是《十年》。

这首歌我是会的，因为打听到它是许然的心头好，我便偷偷练习了好几个星期，所以在接收到许然赞许目光的时候我是不诧异的。

可未等他说完第二句，我便借着不舒服的理由转身离开了。

4

我想我只是一株蘑菇，自然无法与高等动物交好。既然无法融入，那又何必委屈了自己，倒不如早点回到自己的蘑菇丛中。

嘿，蘑菇蘑菇不开花，先生先生你还会爱她吗？

答案很明显。

许然不是那个会爱着蘑菇的先生。

粉红色的回忆

——夏小正和苏含涵"一日情"回忆录

夏小正

预告下这篇回忆录春艳姐姐将客串两次，第一次出场在我去广州前，向她汇报我将和苏姐姐会晤的各种细节都已经安排妥当时，春艳姐姐惊叹号背后的反应估计跟听闻吴彦祖将迎娶我差不多，虽然我们确实好事将近……

即使是借着其他行程的东风，但我还是打算第一时间要和苏姐姐在一起，我和她相识于各自在小博留下的痕迹，共事于"好事之徒"，倾心于爱上同一个偶像剧男主角，然后……我就见到她啦！

"网恋"阶段互相发过丑照，她对我的评价是"居然蛮淑女的"。我颇为纳闷，心想粗话我说得还没你十分之一多呢。

她来接我，但如果要我们在人流中辨别彼此，估计还是有难度的，心电感应都不够。我提议给她带一本我们男神上的杂志，届时我就手持那本大面积杂志，人群之中，我最闪亮。

计划有变，一位热心的本地大叔和我同道，保证把我送到苏姐姐手中，于是我去短信"请注意一老一少，一男一女的组合"。

苏姐姐就是眼明心亮，风风火火从天高地厚的地铁闸口出来就瞄准了我，从善如流地向大叔道谢，丝毫不扭捏羞涩。

真相揭露，我们海拔都在同一阶层，都算是局部肥胖界心安理得的贝类，都是中长散发……区别应该是比脸大她胜不过我，声音哆得跟林志玲有一拼，而我的声音，和苏姐姐通电话，人家听到估计能以为是她男朋友吧。

这样看来，我"蛮淑女"是还挺"居然"的。

我在和苏姐姐坐地铁去觅食的过程中，本能地讲了好几个来自生活的段子，她很捧场地笑，不知道其他乘客是否多看了我们几眼。

当着我的面，她又恳切地评价"你比我想象得淑女多了诶"。

当地天气又闷又燥，如果我和苏姐姐会面是一场相亲，这很妨碍我对这场爱情的好感度呢。我们从午后的时节相遇，共同度过了一个下午和大半个晚上。除了最后的分道扬镳，我们不是在吃，就是在去吃的路上。

从头到尾，我们吃的一点儿都不广州。先吃正餐，一大盆酸菜鱼，焖豆干，担担面。边吃边侃。

我才知道苏姐姐最大的人生爱好是吃，闷着头一边把一大坨菜往嘴巴里送，一边坦然笃定表示"我吃到东西就会很开心，不管那么多的"。之后又表示"你看我，气质就是这么俗"。我沉吟，再联系到她微博上的签名是"我不是文艺女青年"，似乎也就想得通了。

我们的先决印象都是来自文字，不管是文章还是QQ聊天。文字隔着现实，就是那么美，我一直坚持这是网恋得天独厚的优势。一具象化到现实当中，还真的有点不适应。

我就觉得苏姐姐是文艺女青年来着，或者再分门别类一些，像思维犀利一些的女公知，走简单粗暴路线，半点儿不矫情，并且反矫情。

她把自己和吃捆绑在一起，我忽而就觉得有点儿感动，说得俗一点，苏姐姐，你这是典型的热爱生活啊！

我不热爱生活，但我热爱热爱生活的人。

外面骄阳式微，热气顽固，我们坐在嘈杂人群中的高凳上继续侃大山。估计这是我人生中为数不多的，特别局促又特别明亮的下午。

这个时间段适合读书、看报、微吐槽，我们却开始地毯式谈话。这块"地毯"铺到了寝室生活、工作环境的领地、室友的奇葩、老板的变态、我们这种小蝼蚁的两难……

耳边的各种谈话声中偶有粤语，再望望苏姐姐逆光的激昂的脸，摩卡咖啡滋溜滋溜沿吸管往上跑，忽然就觉得生活好难。

我又不喜欢吃，怎么办呢……

苏姐姐是找不到路才拐带我去星巴克喝咖啡的，出来一看时日尚早，还是执行第二计划，再去找她团购的鲜芋仙。

苏姐姐是个意志力行动力双强的人，意志力表现为她一定要吃，行动力表现为她一定要找到去吃的路。什么叫大城市？大城市就是让你找不到去吃的路。

各种百度，各种导航，各种地图指示……事后苏姐姐向春艳姐表扬我很好养，估摸着就是在她去"西天取经"的道上我不作为，她迷路我迷路，她迷茫我不迷茫，我就乖乖地站她旁边袖手旁观。

反正穿高跟鞋的人不是我哟。

估计是吃货的心感动了菩萨，我们跋涉许久后在地下商城找到了归宿，又开始了第三轮吃。不要问我具体吃了什么，好不好吃，这你得问苏姐姐，她不止一次叫嚣博览的美食专栏就应该她写。

地下商城的氛围就是隐秘，我们的话题更加深入了，谈到了我们共同工作岗位的人事，给出其他作者的好评或坏话。当然主要是坏话。

春艳姐在这里又出镜了一次。

苏：你打不打算去找春艳姐姐？

我：没办法吧……去东北的飞机票太贵了。

苏：同意……对了，她怎么不来大南方看我们？

我：同意！

别看苏姐姐善于迷路，她也有极细的一副心肠。简直让我细思恐极。

我们本来吃着聊着，她毫无预警地，冷不丁地面色一肃，问我晚上去汇合的朋友不是第一次见面吧。

心脏里硌进了一块小石头，太惊险了，像是在被审问套话。我半天才反应过来我可以理直气壮地说当然不是，熟得很，和苏姐姐你才算是第一次见呢。

这种感觉无法言喻，太微妙了。苏姐姐像是一个大家长的作风，盘问一下就能抽筋扒皮似的。但这样严密地关心我的安全，管教我的行动，让我有那么一点点地觉着，甜蜜。

对啊，就是甜蜜。

这篇记录的最后一站，是我们瞎逛。比如，瞅瞅那个广州电视塔"小蛮腰"，我不屑，我也有小蛮腰啊，不只是小蛮腰，我还有大屁股嘞。

花城广场有很多稀奇古怪的人在唱稀奇古怪的歌，苏姐姐又叫嚣"应该让我上去唱，大家应该给我钱"。

其中有一首"夏天夏天悄悄过去留下小秘密，压心底压心底不能告诉你……"我太孤陋了，居然是第一次听，甜到发腻的女声，又俗又俏皮。

我问苏姐姐知道是什么歌吗，她说当然，我说给大爷我唱两句，她就真的唱了两句。像春晚舞台上赵本山让范伟走两步看看。并且，唱得蛮好。

这首歌叫《粉红色的回忆》，名字果真也俗。

广场很空旷，却没有风，我心里有点着急下一个行程，于是心静不下来，走成了一道风。

上了地铁，我和苏姐姐各自换乘，周围全是人，但忽然我就是孤身一人了。这跟早上自己一个人出发又不一样。

之前我跟苏姐姐说，街上说粤语的人很少呢，一点儿在外地的感觉都没有，一离开她，忽然地，就到了异乡。

人情似故乡。

虽二十天前我们就开始筹划这次见面，但就像我们人生中所有的暑假一样，虎头蛇尾。

但怎么说呢，苏姐姐。

我热爱你。

悲伤逆流成河

洛云裳

我不知道另一个世界存不存在。

小时候我是很笃定人死后都会去往另一个世界的。后来长大了，大家都在说，人死后就是尘归尘，土归土，化作一缕轻烟随风飘逝，并没有所谓的那个世界。

我逐渐接受了生老病死这个俗世的定律，可是随着一些亲人的离去，我开始更愿意相信那个世界是存在的，他们会在那个世界幸福快乐地在一起。我想我还是不够成熟，内心还是不肯接受珍爱的人离去的事实，我总会想象他们还在我身边般，和他们说说话。

清明时节去看望已故的亲人时，我更想去问问他们在那边过得好不好，而不是求他们保佑我实现什么梦想。即使知道这些话他们是听不到的，这些祭祀的东西他们是收不到的，可是仍旧愿意傻傻地相信。

时间可以让伤口结疤，可是伤口是永远不会消失的，想起他们的音容笑貌，鼻子还是会酸涩不已。总是在后悔当初为什么不能对他们好一点儿，再好一点儿……

我从未对别人说，"我还是会经常梦到我的外公外婆"，这是我现在唯一能够真切地看到他们的方式了。我的外婆刚离开我的那段时间，我每天都会梦到她。有一次，我梦到了她和外公坐在一起，我潜意识是知道他们已经在另一个世界的，他们笑得很开心，我问外婆："在那里开心吗？"她摸着我的手，点了点头。然后我醒了，眼泪顺着脸颊流了下来，湿了枕头，可是我很开心，我想死亡对她来说也许是一个解脱。

外公外婆感情很好，外公走后，外婆的身体开始变得不好。后来老年痴呆的她更是谁也不认识，只呆呆地望着远方，她也许是想念外公了吧。为了不让大家担心，在外公走后，外婆一次也没有提到外公。现在，我愿意去相信他们俩在另一个世界幸福地团聚了。那里没有纷扰，没有俗世的烦恼，有的只是快乐安定。

我如果告诉自己他们已经走了，仍旧不愿相信，也许是我自己构建了一个世界，在那个世界，所有的人都会得到团圆，这也是我能够给自己唯一的安慰了。我不要学会理性去面对，就让我一直感性下去，我不愿去面对空空荡荡的世界，我不愿去想象有一天我会孤独一人走完这世间的路。

我讨厌自己在死神面前无能为力的样子，不能从他们手中夺回我爱的人。我只能待在由回忆铸成的城堡，思念着他们。我不止一次感到生命的脆弱无力，可是活的人要努力地去生活，我知道他们也一定很高兴看到我能够积极面对生活。

我知道终有一天，我们都会走上那条路，去往另一个世界。人生太匆匆，我们能把握的就是珍惜眼前的每一刻和每个人，认认真真去生活，圆满地过完这一生。

真到了那一刻，能够没有遗憾地向这个世界说再见，所有的人都不用为我感到伤心，离别是为了下一次的相逢。

在另一个世界，所有的人都将好好的。

羞答答的琉璃苣静悄悄地开

一 诺

他说：琉璃苣的花语是——勇气，坚强。是这样的吗？

花　开

日盼夜盼，如我所愿，它终于开花了。

清晨，睁开眼，阳台上的琉璃苣，正对着太阳微笑，我惊愕，然后对着它微笑。

离开一年，依旧思恋。

花　败

它早已是一盆枯泥，就像在天堂的你。

我种上了向日葵，似乎比那垂着头的琉璃苣精神了许多。

时隔三年，思恋依旧不减。

我　愿　意

一直很想你，却找不到回去的理由。

时光能不能倒流，我想借哆啦A梦的时光机，这样，我就可以回到你站在河边的那一刻了。

接到朋友的电话，我崩溃了，坐到地上，像个丢了糖果的孩子，哭着骂他们是骗子，可是，你回来好不好？

我坐上了回家的班车，一路上都是你的影子。

草地上，我戴着耳麦听歌，跟着节奏摇晃，你大声说话。刚刚换了《遇见》，我愣了一下，假装没有听到你说喜欢我。

课堂上，我趴在课桌上睡觉，你推推我，我不作声。你轻声说话，我抽搐了一下，假装没有听到你说喜欢我。

溜冰场，我摔得不亦乐乎，你扶起我，对着我龇牙咧嘴。伴着劲爆的音乐，我拍拍衣服上的冰屑，假装没有听见你说喜欢我。

后来才发现，我是喜欢你的。如果不是你拉着她的手在我面前微笑，我怎么会知道自己有多么喜欢你。

因为有错过，所以才会有遗失的美好。我对着你的背影

蘑菇蘑菇不开花

说，我愿意。

我愿意退出。

或许，以友之名的陪伴会更长久。

回　忆

回忆汹涌而来。

我说："我要转学了。"你背对着我，看不见你的表情。少年，你是悲伤还是高兴？你淡淡地回答，"哦，等下吧。"然后，头也不回地走开了，丢下我。

你不知道原因吧？我们成天在一起玩，所有人都以为我们早恋。当然，我妈也是这样认为的，可是，你知道我对待这份友情有多小心翼翼。

还记得小时候吗？就是五年级的时候，我跟班上的女同学跳皮筋，你不知道从哪儿冒出来，只听见"咻"的一声，我被弹倒了。你拿着小刀，坏坏地笑着，等我哭着从地上爬起来，你撒腿早已跑得不见踪影。

"嘿，傻笑什么呢？"你打断我的思绪，我抬起头，微笑着，眼角却溢出了泪水，该死的太阳，这么刺眼。我就要走了，你会舍不得我吗？会挽留我吗？会等我回来吗？我没有勇气听到你的答案，我怕我会哭花了脸离开。

你捧着的琉璃苣种子，正安静地躺在花盆里，你白色的衬衫在阳光下格外耀眼，"照顾好自己，"你说，"一个人要坚强，要多点勇气，就像它一样。还有，以后不准哭鼻子。"我点头。

我望着干净的种子，以后，会长出跟你一样干净的颜色吗？

泪洒了一地

有一个传说，城外的那条河，是个是非之地。小时候就听奶奶说了，里面住着一个水鬼，每年夏天的时候呐，他都会找一个替身。我亲眼见过。

我五岁那年，一条小船出了意外，有人死了，爷爷是游回来的。

我十四岁那年，一个十岁的小女孩儿在河边玩水，从此就再也没回来过。

我十五岁，这次换你，告诉我这个传说是真的。

你妈妈哭得好伤心，你爸爸的目光已经呆滞，你姐姐说不出话，你的邻居们坐在院子里说着你是怎样顽皮。还有小白，懒洋洋地趴在地上。那你呢？怎么没有你的踪影？

哦，对了，他们刚说，还没有找到你呢。真希望你在跟我们开玩笑，然后突然跑出来，对我说看看我是不是真的在乎你，再然后，我追着你满大街地跑，骂你白痴，害我伤心。

你三天没有回家了，有消息说找到你了，我笑了。他们说要去接你回家，用车拉着一副小小的棺木，开往城外的那条河……

可是老家有个习俗，在外面出事的，就再也不能回家了。我还没来得及拉一拉你冰冷的手，没有看一看你的脸被泡得有多苍白，没有和你说再见。

我还没有说，其实我也喜欢你。

后来的喜欢，是回忆的恶作剧。

缺　　席

我找不到你的家，他们也不告诉我，我只是想看看你的门前是不是长满了杂草，仅此而已。

我站在你曾经走过的河岸，河底是绿色的，不能想象这美丽的颜色是如何将你吞噬的，从此便开始讨厌绿色。

你曾说过陪我看花开花落，可是花开了几季又败了几季，你都没有出现过。你承诺要做我坚强的后盾，可是在我受伤时只能一笑而过。

你在我的未来缺席，像是一出剧本，未完待续。

听着《缺席》，闭上眼，白色衬衣白色琉璃苣，它们告诉我要永远记得你，我说我怎么会忘记。

我学会坚强，学会勇敢，学会做一株阳光的琉璃苣。

亲爱的要在云端祝福我，亲爱的要记得一路有我。

阳光灿烂洒落了一地，时光斑驳绚烂了一季，我没有理由继续低头悲伤，时光老人告诉我，我应该带着你的梦前行。

　　后记：这是个真实的故事，昨天翻出小学毕业照，尽管照片已经泛黄，但还是能清楚地看到他站在最后一排笑得很灿烂。他是在救同学时发生的意外，四年后的今天再提起，我还会落泪，其实，我只是想他了。

黑蛋哥哥和白鬼妹妹

歌　笑

1

当太阳公公斜到天的另一边时，我常常穿着白色的麻布裙，躲在门后听妈妈把在门口玩闹的小朋友赶走。

妈妈说，我的心脏不好。

2

我是阿嬷带大的，她是我家的保姆。

阿嬷对我很好，她每天九点来看我，五点回家。她会给我烤小熊饼干，她会让我坐在她腿上给我读《白雪公主》《睡美人》，我喜欢公主，她们漂亮又善良。阿嬷读完后总会亲亲我，说我也是个小公主。

妈妈平时不让阿嬷带我出去，不对，是除了去医院检查以外。我讨厌医院，仪器冰冰凉，医生的表情也冰冰凉。不像阿嬷，她总是笑眯眯的。

有时无聊了，我就跪在沙发上撑着窗户看外面的小朋友玩游戏，阿嬷在我身后打扫客厅，吸尘器"呜呜呜"地瞎叫，可真烦。捉迷藏、老鹰捉小鸡、警察抓小偷、三个字……看多了便都会玩了。尖锐的、温润的笑声乘着风飞了很远很远，于是我也跟着傻笑，可是笑着笑着却笑不出来了。

"阿嬷，"我揉了揉眼睛，小声说，"我想出去和他们玩。"

"唉，"阿嬷关掉了吸尘器，走过来抱了抱我，"明天周六，我明天把我孙子带来，他就比你大一岁，别和你妈妈说哦。"

"真的？！"我欢呼雀跃，勾上阿嬷的脖子亲了又亲，"阿嬷最好了！"

3

我喜欢我的床，粉色的，软软的。我躺在上面伸了个大大的懒腰，闭着眼软绵绵地叫唤："阿嬷……我醒了……"睁开眼，顿时眼前一黑。

"啊！"

"哇！你叫鬼啊！吓死我了！"一个黑乎乎的小男孩儿夸张地捂着胸口从我床上滚了下来。

"你……"我大口呼吸，浑身抑制不住地开始冒虚汗，胸口的绞痛一阵轻一阵重，就好像，就好像密密麻麻的食人蚁包裹住了跳动的心脏……

"奶奶，你快来……"

被阿嬷强制休息了一小时后，我发现那个小男孩儿还跪在地板上，抽泣着揉着眼睛。我摸了摸胸口，已经不怎么痛了。阿嬷肯定又给我吃了那个"神仙药"！我从床上摇摇晃晃地爬了下来，哒哒哒光着小脚跑到他的面前。

"你玩芭比娃娃吗？"我蹲了下来，笑眯眯地问他。

"呃……"

4

往后的每个周末，阿嬷都会带那个小男孩儿来陪我玩，我叫他黑蛋哥哥，他叫我白鬼妹妹。

黑蛋哥哥每次来都会给我带些"惊喜"。一次，他神神秘秘地叫我闭上眼睛伸出手，数了"三、二、一"后，我开心地睁开眼，一个绿色的东西正猛地从我手上跳了出去，小小的爪子有着轻巧的力度，我倒吸一口凉气，被吓了一大跳，他却怪我把他好不容易逮到的蚂蚱放跑了，至今我在家中还没找到那个可怜的小家伙的尸体，估计早就饿死了吧！蜻蜓、蝴蝶、西瓜虫……许多许多小昆虫的样子和名称都是从黑蛋哥哥那里知道的，我总觉得我心脏的承受能力托他的福强了不少。

黑蛋哥哥知道我没吃过冰淇淋后（妈妈说冰淇淋太刺激了），用毛巾包着一个小布丁（这是他最爱吃的）放在怀里一路狂奔着冲进我家。可惜打开时还是化了一半，白色的、黏稠的液体滴滴答答地落在我的新裙子上，他抱歉地看着我。

小心翼翼地咬了一小口后，我点头连声说好吃，他一下就笑了，满满的得意和自豪。在他笑眯眯的眼里我总能看到整个星空，有着细碎的小星星和耀眼的光。而那种甜腻腻的奶油气息在多年后的夜晚依旧记忆犹新。

他趁着阿嬷不注意时陪我看"恐怖片"——《小鬼当家》！没错！恐怖片！当那两个坏叔叔来抓阿丹的时候，我真的吓坏了，整个人都紧紧靠在他身上，像鸵鸟一样把头深深埋进他的胸口。他身上有股和阿嬷一样的味道，是香香的洗衣液散发出来的，让人心安。

我很喜欢黑蛋哥哥，觉得他很帅，我曾稚气地发誓要做他的王后。

5

那是一个普通的周日，黑蛋哥哥趁着阿嬷在洗衣服的时候牵着我偷偷溜了出去。阳光透过层层叠叠的枝叶落在地上，像落了一地明晃晃的碎金。我欢呼雀跃，一路蹦蹦跳跳。

"跑慢点儿！我们一会儿就得回去了！"

"哥哥！"我停下了脚步，指着公园里的一个气垫池，"那是什么？"

"那是养金鱼的哦，我们去看看吧。"

于是我又蹦蹦跳跳地奔向小水池。哇！水面闪着粼粼的细光，颜色各异的金鱼拖着轻纱似的尾巴骄傲地、慢悠悠地游荡，我把手伸进去一戳，却又都咻地一下溜得老远，好像我要把它尾巴拽下来似的。

"好可爱啊。"我眯着眼冲哥哥笑，他身后的阳光刺得我睁不开眼，"我想要金鱼。"

"我们没有钱。"

"可是我真的忘不了金鱼啊……"

"金鱼已经把你忘了……何况你刚才还戳它们来着！"

……

"你……真的想要？"

我使劲儿点了点头，做出一副可怜巴巴的样子。

"那好吧。"他四处望了望，趁老板在二十米外的长椅上吃盒饭的功夫，悄悄把手伸进水里……

"抓住了！小妹快跑！"他小声尖叫，我听到号召立马往家的方向跑去，刺激与兴奋让我头皮发麻也让我溜得飞快。

"啊！放开我！"

哥哥！我停下来扭头一看，哥哥被店主逮住了！他弓着腰，双手合在一起缩在胸前，店主蒲扇大的巴掌就这样"啪"地打在他瘦弱的背上。"叫你们小小年纪不学好……家长呢！"

我吓坏了，嘴一咧哭出声来……

"叔叔你听我解释……小妹你别激动……别哭啊……叔叔她受不了刺激……"

阳光刺得我睁不开眼，哥哥的叫声、打在他身上的巴掌声、店主的骂声像一个带毒的藤条，紧紧卡住我的脖子，使我呼吸困难，头晕目眩。

我眼前一黑……

"小妹！"

6

我做了一个梦。梦里阿嬷狠狠打了哥哥一巴掌，"跪下！"

膝盖撞到木质地板上，发出空洞的回响。

"实在不好意思……给您添麻烦了，我也不好意思再继续在您这儿干下去了……这个月的工资钱我再打回您的卡里，实在抱歉……"

"嘟嘟嘟……"

"妈妈……"我睁开蒙眬的双眼，眼前是一片熟悉的白，左手正在打吊针，整个臂膀都冰凉凉。

"嗯，你醒啦。"妈妈正给我削苹果，苹果皮长长的一条，一直拖到了地上。

我扭头，窗外的阳光暖暖地洒了进来，能清晰地看到在空中慌乱飞舞的灰尘。柜子上摆了一个小小的玻璃缸，一黑一白两条金鱼，甚至能清楚地看到白色金鱼的内脏、血管。它们拖着轻盈的尾巴在阳光的沐浴下嬉闹。

"小妹，你怎么那么白啊，你看你看！你膀子上的血管都看到了诶！"

"只是你太黑了啦！"

我闭上眼，阳光爬上了我的眼睑，温温软软。

7

我再没有见过阿嬷和黑蛋哥哥了。

出院一个月后我就上小学了，大家相处得都很好，却没有一个人敢拿小昆虫吓我，陪我奔跑，陪我看恐怖片。

因为妈妈说啊，我的心脏不好。

我喜欢你是寂静的

沐子眠

离开以后，会让你怀念的是什么

下晚自习的铃声一响，阿辛就拉着我去操场上散步。静默无声地行走了一圈又一圈，她终于停下来问我："离开以后，这里让你怀念的会是什么？"昏黄的路灯照下来，我看到的是阿辛一脸认真和倔强的模样。我抿抿嘴，把她甩在身后，自顾自地朝前走。

"阿辛你呢？有什么让你特别怀念的吗？"我转身反问。她快步走到和我并肩的位置，故作轻松地扯出一个笑脸对我说："我才不会怀念呢。别人都说，活在回忆里的人不快乐。"

"就算是这样我还是会怀念的啊，喜欢的男生、敬重的老师、贴心的朋友，甚至是校门口那两排栀子树的纯白花开，都让我怀念。"

听完我的回答，阿辛皱着眉头，一脸不敢恭维的样子说："楠楠，可不可以不这么矫情？你这个样子真是像极了小说里的文艺女青年，让我都忍不住鸡皮疙瘩掉一地。"

"不爱听就别问啊！真是！"我冲着阿辛吼完这样一句话就转身向宿舍走去。最讨厌被人说矫情，最讨厌被自认为最真心的朋友说这样的风凉话。

我喜欢你是寂静的

我不止一次地幻想过，在一个有阳光的午后，教室里只坐着我和林宸两个人，我们谁也不说话，就让温柔的时光静静流淌。

林宸是我最隐讳的秘密，是我从不对别人提及的话题。

内心深处的喜欢一路疯长着，我总是站在人群里，偷偷看他写作业时的认真表情；从别人的对话里，仔细捕捉关于他的信息。虽然他并不是一个很出众的男生，但是在熙熙攘攘的人潮里，我还是能一眼就把他认出来。

所有的花开都是寂静的，如同林宸的成长，如同我的喜欢，如同所有单调寂寞的时光。然而，我享受这样的寂静带来的绵长欢喜。

我不打算把这个秘密说出来，就算毕业以后各奔东西，或许以后都不会再见，我也藏在心里留给以后怀念，至少想起的时候所有的时光都是柔软的、美好的、飞扬的。

我只不过是怕一说出来所有妥帖的情绪都灰飞烟灭。

唱一首古老的歌谣给你听

我并不是很会唱歌，很多时候都是一个人戴着耳机跟着节奏乱哼哼。

作为三流学校的高三生，我们很早就开始策划毕业典礼，而不是过着到处都大肆渲染压力的生活。

班主任罗老师教我们语文，他对我们每一个人都很好，当然在别人看来他对我的好显得更加突出。我是他的课代表，自然接触得也最多。

不经意听到别人小声议论"沈楠有什么了不起的，不就班主任撑着她"的时候，我并没有上前去和他们理论。我一直都觉得，罗老师就像一位慈祥的父亲，我是打心里尊敬他，就算我不是语文课代表，就算我语文成绩很烂，就算他常常忽略我，我也会依然像现在这样尊敬他。

还记得夏天蚊子很多、天气很热的晚自习，他让我们安心写作业，然后就开始给我们每一组点上三盘蚊香，每一盘都是他亲自点的，每一盘都是他亲自放的。我看着他蹲下身去的样子，突然就有眼泪在眼眶里打转，我仰起头揉了揉眼睛，努力制造一种只不过是疲倦了的假象。

所以当有人提议毕业典礼上要给班主任唱歌的时候，我毫不犹豫地说："这个我可以。"

敬爱的老师，三年的爱，说不尽的感激，请让我唱一首古老的歌谣给你听。

我不知道你是什么颜色的

阿辛是我最要好的朋友，她总是懂得包容我的坏脾气，就算上次我莫名其妙对她吼，第二天她也当什么事都没发生过一样叫我等她一起去食堂，其实，我才是敏感的小肚鸡肠的那个人。

有一首歌的名字叫《你看见的我是蓝色的》，每每在阿辛面前张牙舞爪唱的时候，我就爱把歌词改成"现在的我看到的你是白色的"，阿辛就坐在一旁安静地对着我笑，我觉得阿辛就是纯白的，像校门口盛开的栀子花。

我没有把喜欢林宸的事情告诉她，她却把偷偷和许歌谈恋爱的事情说给了我。不过，她也有我不知道的秘密，她的课桌上铺了一层报纸并且从来不让人把报纸掀开，包括我也不可以。这是我一直都介怀的事情。

阿辛的男朋友许歌和我喜欢的林宸天天混在一起讨论

游戏装备，对话里有很多我听不懂的术语。

有一次我和阿辛坐在一起听歌，她接到一个电话就出去了。看着她课桌上已经失掉了黏性的透明胶和微微卷起的报纸一角，我鬼使神差地偷偷把报纸掀起来看看里面到底藏了怎样连我都不告诉的秘密。用刀子刻出来的两个字，是一个男生的名字，不是许歌，而是林宸。

我的心突然空掉了一大块，不知道要用什么词来形容当时的震惊。原来阿辛喜欢林宸啊，原来阿辛和许歌在一起只不过是为了更接近林宸啊……

阿辛，我开始不知道你是什么颜色的了。

你是不是真的快乐

毕业典礼，我唱了送给班主任的歌。一曲终了，我看到人群中的林宸鼓掌叫好，一瞬间就湿了眼眶，好在这种离别氛围浓重的场合里掉眼泪的不止我一个。

班主任对我们所有人说："三年一转眼就过去了，又要送走你们这一群可爱的孩子，以后还要继续努力，创造更完满的人生，我只能陪你们走到这里。"我喜欢他把我们称作孩子，像父亲一样叫我们孩子，一群长不大的孩子。

晚上怎么努力也睡不着的时候，阿辛一骨碌爬到我床铺上躺了下来，她附在我耳边轻声说："楠楠，其实我很早很早以前就喜欢林宸，渐渐感觉到你每次看他的眼神都不一样，我才知道原来我们喜欢上了同一个男生，后来许歌跟我说在一起的时候我就答应了。不要问什么，我们亲爱的永远亲爱。"我抱了抱睡在身边的阿辛："对不起啊，谢谢啊，你真是个大笨蛋！"

想对全世界宣布，现在的我是真的真的，很快乐。

感谢时光送我一个Happy Ending

我提着所有的行李坐在回家的班车上，手机铃声告诉我有短信进来。艰难地从口袋里掏出手机，发件人竟然是林宸！他说："沈楠，其实一直有在关注你，看着骄傲其实很善良的女生。很长一段时间都想叫你做我妹妹，我家里只有一个哥哥，亲戚里也没有表妹堂妹，所以我总想，有个妹妹多好！原谅我一直都不好意思亲口对你说这些，转眼就要各奔东西了，才把这些话用短信的方式说给你听。"

我认认真真地看完每一个字，这算不算是上天的一场馈赠呢？

我把手机键盘按得飞快："才不要呢，要是做了你妹，那以后得有多少人对着你'你妹你妹'的骂啊，那样的话我岂不是躺着中枪？！"

握在手心的手机震动，他回复说："哈哈，这个你放

蘑菇蘑菇不开花

心，像我人品这么好不会挨别人骂的。"

真是个自恋的家伙。我一边想着一边把头扭向车窗，窗外有一片宁静的湖，微风一吹就泛起阵阵涟漪，艳阳在水中的倒影被切割成一波一波，这样的美景衬了一句古诗：水光潋滟晴方好。

所幸我没有辜负这一场又一场的好时光。

再见，孩子

吃货的人生，不需要解释

三　合

词典上对"馋"的解释是——当受到感官系统刺激，如食物的外观、气味等的诱惑，记忆中枢兴奋，促使大脑神经形成荷尔蒙，分泌激素，神经冲动传导产生食欲。

而用更通俗的语言来说，就是——想吃。

在某个明亮而嗡嗡作响的自习课，不知道从身体的哪个部位，突然迸出对"好丽友"的强烈渴望。想念她坚硬而易碎的外壳在唇齿间迸溅的感觉；想念她壳下柔软的蛋糕嗫嚅在口腔的天花板的苔藓般的触觉；想念黏而糯甜、藕断丝连的麦琪酪夹心……这不是广告，真心不是广告。

"你个吃货。"友人义愤填膺地望着我。

"嗯哼，难道你不是？"我百转千回地看着她，然后从书包里掏出一盒巧克力派，没错，两袋装。我只能听见友人吞咽口水的声音。

这世界上，总有一种能吃的东西，或者说很多种能吃的东西，能在一些并不饥饿的瞬间叫醒我们的唾液腺，唤起几秒钟至几分钟的激情与热血。

当装作低头系鞋带，实则拼命往嘴里塞鸡蛋面的时候；当右手飞快地写作业，左手却细致描绘着巧克力的形状的时候；当老师慷慨激昂地讲课，我们激昂慷慨地咀嚼的时候……（错误动作，请勿模仿）谁敢说自己没有体会到自古箴言"民以食为天"的真正魅力？

我喜欢吃，然而并不忠贞，往往会在自己说过"我最喜欢橡皮糖了"之后，转头再去说"啊，绿豆糕，我的最爱！"所幸这些可爱的东西是不会说话的，所以它们不会抱怨着我的朝三暮四，或是挑三拣四，它们最直接的表达便是味道。

甜的，咸的，辣的，酸的，有时候一阵子完全不沾其中一种，到了下一个季节却怎么也离不开。对我而言，面向食物所说的"最爱"，永远无法维持三个月，然而却会在第二年的某一条街道上，被一幅海报或干脆一份实物唤醒内心蛰伏已久的、关于味觉的回忆。

关于小学门口商店廉价的戒指糖，关于一次旅行中匆忙吞咽的肉夹馍，关于一包足以吮指回味却无论如何都记不起包装的膨化食品。很多很多的回忆，唯一的形容词就是"好吃"，然后再无其他更具体的描述。很多味道是找不回来的，但在面前的那堆食品赏味期限未至之时，我们还有机会创造更多关于"好吃"的回忆。

如果糖果注定要融化，如果酥饼注定要变软，如果泡菜注定要无味，那么为什么不让我们伟大的口腔来完成这一项隆重的仪式呢？

最近自称口味变重了，需要每天一包泡椒凤爪维持味蕾的生机活力。然而，当老妈买回一纸袋糖炒栗子，面对这种相对文艺的小零嘴，果断弃凤爪小姐于不顾，转头奔向栗子萝莉的怀抱中。

我的味蕾欣然接受了这一改变。

吃货的人生，不需要解释。

缄 默 三 年

吖 葱

6月8日，17：00

广播里最后的钟声响起，考场里一阵窸窸窣窣翻试卷的声音夹杂着收拾笔袋的声音。我深深地吸了一口气，终于，有些东西可以真正放下了。

窗外依然飘着雨，透着阴凉的气息。走廊上漫遍了水迹，倒映出天空浅灰色的脸，却没有逼仄的压抑感。透过玻璃窗，我看见林希正站在走廊上看着霏霏细雨，清风拂起她白色校服的衣袂，飘扬出青春的模样。

监考老师收完卷示意我们可以离开了，我走出考场，笑嘻嘻地拥抱着林希说："这一次，咱是真的毕业了。"

"毕业了？"她猛然拉起我的手往一楼跑，直至停在空荡荡的第43考场门口。

"我还是输给了自己。"她看着我，眼里满是哀伤，嘴角却还是扯出一丝牵强而短暂的笑。

她紧握着我的手，细瘦的手指指节泛白。沉默片刻，我牵着她转身："回宿舍收拾东西吧。"

第43考场，范泽润。那个在林希心里住了三年的男生。

昨天中午和林希要去四楼我们的考场时经过第43考场，发现范泽润背对着我们站在走廊上，仰头对着楼上他的某个同学招手。我能看见林希看到他时眼底掠过的欣喜。

到了四楼时，林希笑着对我说："明天下午考完试，如果他还在第43考场门口，那我就告诉他。"

可是今天，林希错失了她在心底埋藏了三年的喜欢。

宿舍楼下拥挤着搬行李的人群，来往的车碾碎了水泥地面上滴落的雨珠，溅起的水花打湿了青春羞涩的模样。我们终是在忙碌里结束了高中生活，就像三年前初到BZH中学开始新的生活时那般奔忙。只是这一次，没有人顾得上忆往昔，每个人眼里都有了不一样的期待。

于是我们挥别逝去的三年，以及在那三年里还未来得及盛开的夏花。

高 三

南方小城的冬天是不那么冷的，没有北方满世界一片银白的景色，有的是铺了一地的暖洋洋的慵懒阳光。林希说，他微笑的时候就像走在冬日的暖光里。

每天中午11：30放学，走廊和楼梯上挤满了要去食堂打饭占座的人。我和林希习惯在教室待到12：00再去食堂，因为我们都不喜欢和黑压压的人群拥挤在食堂呼吸着溢满CO_2的空气。

那天中午去食堂，上楼梯时四五个男生下楼，那个常跟范泽润在一起的男生站在第一食堂门口。当他看见林希时，会意般转头对着门里笑，下一秒范泽润就从门里出来了，于是他们下了楼梯与我们擦肩而过，而我明明看见范泽润用眼角的余光瞥着林希。

当林希和范泽润一上一下并肩时，身后那四五个男生起哄着笑起来，不知谁问了句："就是她吗？"

我和林希进了食堂，她回头对我吐了一下舌头，我回了她一个鬼脸，两个人心照不宣地笑着。

也许，路过青春我们都会遇见这么一个人，不需华丽的言语亦不需动人的对话，仅仅是一份安静的喜欢便可以让我们发自内心微笑，无论对方是否看见。

其实林希和范泽润有很多时间点可以相遇，比如，清晨6：15做早操林希已在队伍里而范泽润刚好要去他们班的队伍时；比如，早上7：20林希吃完早饭下楼而范泽润刚好要去小卖部经过食堂时；比如，中午林希要去吃饭而范泽润刚好吃完饭时；比如，下午最后一节自习课我和林希提前五分钟开溜去食堂而范泽润已坐在第一排桌子吃饭时；比如夜修放学林希走到楼梯口而范泽润刚好从楼上下来时……可是每一次，林希都只是在遇见他的一刹那转移了目光，一脸波澜不惊的样子。

她说，高三的我们不应该打扰彼此。

我看着她认真说这话时莫名心疼她。我相信，真正喜欢一个人不是疯狂去追逐他的步伐，而是懂得如何把他放在心里。

当时光的湖面倒映出青春的秘密，荡漾着粼粼的波光，岁月静好无常。

高 二

在第一节夜修下课去四楼吹风是我和林希雷打不动的习惯，即使下雨，我们也会从二楼跑上四楼，站在走廊上看头顶那盏橘黄色的灯散着微光，绵绵的细雨在灯下显得格外清晰，像在落一场阳光雨，又像飘落的雪花。

七夕那天，我和林希手牵着手刚要出教室，胖子袁湘眨巴着大眼睛站在我们面前，神秘地往我们手里各塞了一颗心形巧克力，假装羞涩地说："两位，请接受我的告白。"

我们"扑哧"一笑，我不客气地给了她的肩膀一拳："七夕送巧克力也就算了，还一下子送给两个人，姑娘你是想死还是不想活了？"

我们嬉笑着出门，远远地看见范泽润朝我们这边走来。当经过我们身边时，范泽润的目光稳稳地落在了林希脸上，而林希在看见他的那一刻显然呆掉了。他对着林希微笑，但林希故意扭过头不去看他。看着林希那副死鱼脸，我真的很想掐死她。

"你知不知道他刚刚对着你笑？你知不知道你刚刚对着他面无表情的样子真的很丑？"我站在四楼的橘色灯光下对着林希张牙舞爪地嚷嚷。

她回头看了我一眼，嘿嘿地笑着说："别吓到楼下的小情侣。"然后扭头继续看三楼属于她的风景。

站在四楼的橘色灯光下，我们正好可以看见三楼范泽润所在的教室。

年少的我们终究太浅薄，所谓喜欢的背后是我们承担不起的责任，若明白如此，我们何必把青春的情愫粉饰得过于张扬？或许，有些时候，静静喜欢着反而是最好的选择。

高　一

某月某天，在教室里，林希转过头对坐在后面的我说："放学后我们出去潇洒吧。"

那时我们相识一个多学期，因为谈得来所以成了比同桌还要好的前后桌。

那天林希带我去了一家名叫"无名店"的冷饮店，入门有一卷紫色的珠帘从门的上方垂下，用手撩起时珠子碰在一起发出细碎的声响，店里是紫色系的装饰。林希喜欢淡紫色。

当我坐在木藤椅上两眼放光地啃着我的雪球时，对面吃着香芋味冰淇淋的林希淡淡地说："我有喜欢的人了。"

闻言，我咬了一半的雪球重新掉回碗里。我抬起头看她，她把脸凑上来认真地问："如果毕业那天我去向他告白，你会不会觉得很奇怪？"

我使劲儿摇了头："若是确定是对的人，你就赚了啊。"我没说，这是我意料之外的，我以为把学习放在第一位的她会不屑这档子事，即使青春来临也会寂静安然。

我低下头继续啃雪球，假装不经意地问："那个人是谁啊？"

"九班的，范泽润。"她把剩下的冰淇淋塞进嘴里起身去买第二支，买完回来又坐在我对面，"嘻嘻"笑了一声后轻描淡写地说："可能我也没有勇气去说吧。又有多少人可以坚持呢？"

珠帘外，夏日的一米阳光碎落满地，蒸发着冒着不安分的泡泡的青春。

终 止 符

　　毕业后几天，林希发来信息说："或许，喜欢了不代表就能在一起。我庆幸那三年我在他的面前隐藏得很好，不曾说出口才不会彼此伤害。多年后我再回想起这三年，我依然会觉得很美好而且没有遗憾。"

　　是的，喜欢只是简单的喜欢，这个年纪的我们还不懂得如何把喜欢上升为爱情，所以没有资格闯进另一个人的世界，去扰乱他原本的生活。而当我们渐渐成长，真正成熟到懂得如何去爱一个人时，再把喜欢说出口也不迟。

　　而我始终相信，我们都会慢慢成长为一个更好的自己，然后在未来某个对的时间里去遇见一个对的人。

小 江 湖

小太爷

独来独往，英雄没有出处。有人的地方，就有江湖。

1 瑛姑效应

"瑛姑，"周伯通远远地叫，"娘。"

"大哥，你能不能不总在我身上找你旧情人的影子？"我把作业放下，叉着腰问他，"况且，您最近是不是特缺母爱来着？"

调侃周伯通，算是我初中生活的一个大爱好。也一定会是日后回忆的一个大亮点。

"对啦，你跟段一灯现在如何啊？"趁着他喘粗气的当口，我插话道——其实我真的很担心他中考体育是否能过。

"还行。"他舔了舔嘴唇。

刘瑛姑是在初一的时候转到我们学校的，被我们那个有着疯子一样气质的无崖子老师安排在了老周身边做同桌。看着老周当时那哈喇子四溅的表情，我就觉得这事儿要坏菜。主要原因是我发现我们班级里唯一有官方背景的段公子从刘瑛姑一进屋就没错眼儿地盯着她看。

犹记得当时我的同桌是擅长塔罗牌卜卦的超级女神童冯蘅，她迅速地掏出一副塔罗牌，推算过后，一本正经地告诉我："红颜者，祸水也。"

我当时就隐隐地觉得要有大事发生，只可惜直到刘瑛姑初二转走，这预感都一直没成真。

什么叫瑛姑效应呢？经过我和冯蘅的研究，定义是这样的：远方的旧情人笔锋一转，近处的两个爷们儿就大打出手。

刘瑛姑给周伯通和段一灯分别写了一封信，内容出奇的一致：其实，我喜欢的是你。

这还了得？

那场雪地恶斗发生时，我正在搞笔迹鉴定。我一点儿都没想到段一灯还会动手打人。我一直以为他只是那个偏执的、文艺的、风中凌乱的、无论写什么都会以"每次看见我桌上的一灯，我就会想起我数学老师那和蔼的面容"来做结尾的、单调的孩子。如果你看不懂，可以看看这句简化版：如此简单的人不应该有暴力基因。

再见，孩子

我想周伯通那个胖子是在我拽着他嗷嗷跑的时候才把我当成真正的好朋友。

同样也是好喷友。

所谓情绪收容站，林朝英也。

2 英雄没有出处

黄药师是从我们上两个学年下来的留级生，坐末排，酒量奇佳，械斗专家，善近身。

无崖子老师在他来之前曾小心翼翼地叮嘱："孩子们，不要惹他。老师都怕他嘞……小心肝……"

无崖子打算让我们用呕吐来记忆黄药师的恐怖。

第一次朝他要作业的时候，我心里也是打着鼓的。可这位爷却生得平易近人。四十五度完美侧脸，柔软声线，高挑个头，穿白衬衫——用两个字形容，那就是"顶配"。

"老林……嘿嘿……嘿嘿……你们班……哦不，咱班的那个冯蘅，看起来好小的样子。"

都说射手的预感准，但这次我白羊也当了一把大祭司。

当他们两个柔情蜜意地走在一起的时候，全班人都掉了下巴，只有我在得意地笑着。

我都不知道我为什么要那么开心。

所有人都知道我和王重阳八字不合、五行相克，只要有我俩共同出现的地方，就一定会闹得鸡犬不宁。

就拿那次老师有意缓和我俩的关系，让我俩共同主持班会来说吧。他老人家一副清高自持的模样，等着我请他上台。偏偏本姑娘就看不上他那出儿，于是利用悠悠众口狠狠地损了他一把。

据相关目击者称，他当时那脸，哟，红得就跟凶案现场似的。

"林朝英同学，你要是对我有什么不满意的地方，可以提出来。"

不知道我是哪根筋短路了，忽然想到了那个"你喜欢我哪一点"的经典笑话。

王重阳啊，我该怎样向你解释我惩恶扬善为世界和平努力奋斗的积极心态呢？

没法儿说啊。

真没法儿说的。

在第N次"世界大战"后，我终于成功地把王重阳逼哭了。还是据目击者称，他把整个脸都埋在衣服里，脊背一抽一抽的。

这次的目击者是周伯通。

"老林，你还是别太过分了。"他背靠着阳台，我则是俯身以软体动物的姿态趴在阳台上。

"是啊是啊，别太过分了……"洪七公嚼了口红薯，

"跟他过不去，还不如和吃的过不去……"

我一向听不懂洪七公的表述，只是周伯通的态度，有点儿怪啊这次。这个好喷友每次对我跟王重阳对着干的行径都会大加赞扬的，这次怎么反倒劝起我来了？

他不会是被敌方收买了吧？

"你个叛徒……我早就知道你一准儿得向着你哥！"

"不是这么回事。"周伯通摇了摇头，"我哥有颗纯白纯白的少年心啊……算了以后有机会再说吧……"

我望着他欲言又止的样子，突然明白了些什么。

3 每个大侠都有一套

中考过后，大家各奔东西——也不算，毕竟我们中的大部分还是紧密地团结在一起的。

现今的冯蘅高我们一级——这么狗血的，她又跳级了。照这个速度下去，她不超过二十岁就可以读完大学。天才少女最喜欢做的事情就是利用我们难得的两周一次的假期去汽车修理厂探望身为学员的黄药师。黄药师中考落榜，家里人有心花钱让他上一中，他拒绝了。

黄药师的眼光放得果然比我们更长远些：有门手艺傍身，比什么三流大学的学历强多了。

我不知道他和冯蘅能走多远，但这丝毫不影响我对他们寄予的殷切希望。

洪七公被家长接到外省去了，老实如他又英俊如他的东北小伙儿，走到外地应是不缺追求者的；一灯走得更远，他出国了——去了越南，后来又流窜到了柬埔寨——嗯，无论如何也算是留学生了；欧阳锋辍学，接手了家里的药厂，专门生产白驼山牌壮骨粉，搞得现在就算是去买个感冒药也会被推荐此神药，可见欧阳家的产业之大、宣传力度之大。

　　我总觉得我们会再相遇。

4 别当我是跑龙套

　　自从那次和周伯通交流之后，我就再也没有找过王重阳的茬儿。搞得大家伙儿都以为我害了心理疾病，连忙开导，最后甚至撺掇了王重阳找我沟通。

　　"林朝英，你要骂就骂吧，我习惯了。"他逆着光，整个人都变成了一片黑影，语气诚恳又大义凛然。

　　我仰头，说出了很久以前就想到的话。

　　"王重阳，你喜欢我哪点？我改还不行吗？"

　　他微微一愣，随即马上答出了答案。一如既往地诚恳。

　　"林朝英，你不喜欢我哪点？我改。"

　　"真的？"

"真的！"

嗯，且不论我们俩这对白有多知音，我是真真切切地被感动到了。

后来，周伯通邀功请赏似的向我汇报了他这条消息的来源。

话说有那么一次，他妈出差，安排他和王重阳一起住。他先是发现了王重阳的某个本子上的某一页写满了我的名字，而后又在睡觉途中偷听到梦话一段。

"我……我喜欢你……"

周伯通当时也说不上是坏还是机灵，他道："可是我不喜欢你呀……"

王重阳果然上当："朝英，你别这样……"

我怀疑过他叙述的所谓事情的真实性，不过看在还算是个挺完满的故事的份儿上，我暂且饶过了他。

来日方长，长乐未央。

孤 独 患 者

张若初

　　学校有三幢教学楼，分别是高一、高二、高三年级部。高一楼背面有一大片空地，原本有建筑，因年代太久远成了危楼，被拆掉了，之后便一直荒着，如今已覆了杂草遍地。空地东面有一条环山而建的长廊，与高一楼成九十度。长廊两边都有长长的朱红色石椅石栏，颇有古建筑风格，除了长廊口有一个正方形面积有顶之外，延伸到尽头的部分都只是横架着一条条石梁。长廊尽头是削平的山石，廊口有一个八角亭。

　　苏皖在长廊晨读，已有一个来月。每日都早早起来，脚步轻盈地走到长廊中央读书。陆陆续续，也有许多女生去那儿，大家各自分散地找一个位置各自读，其中像她一样坚持了那么久的，只有一个每天与她第一第二到那儿的女生。那女生一直在长廊尽头，有时下雨了，她在长廊口，女生打着伞蹲在老地方。

天气越发冷，来的人越来越少，直到只剩她和那个女生在坚持。

有一天早晨她到那里的时候，听到长廊尽头传来的竟不是那个女生的声音，而是一个男声，她有些惊讶。过了一会儿女生来了，经过她身边缓步往那头走去，又见女生走了回来，去了八角亭读书。

于是成了三个人的局面。

她心中觉得那个从未谋面的男生真是过分，霸占了别人的位置。

雨绵绵下了一个星期。

她不爱打伞，从宿舍到教学楼也就十几米的距离，拉起帽子就走进细雨中，有时雨大了，快速跑一会儿也能到。

雨总是让人心烦，她看着恼人的雨想：老天，你敢不敢下到"2012"去啊？

晨读结束，她正要走，转头一看雨突然大了，她愣了下，伸手到屋檐下想看雨势，身后却有人说话："一起走吧。"

她吓了一跳，回过头看是一个男生正在撑伞，大概是霸占了那个女生的位置的男生吧，想了想顺路也没什么的，就点点头。

两个人一起走进雨中，左边那个女生的读书声还在传来。

男生的个子很高，长得很斯文，两个人因为陌生，中间有些距离，他将伞往她身上偏，雨水打在他的肩膀上。她心中感动，也有些过意不去，说："你把伞挪过去一些，不然你的肩膀会被淋湿的。"

他应了声，却无动于衷。

她只好伸手去摆正伞柄，不小心碰到他的手，正要缩回，却感受到他执拗不肯把伞倾向自己的手劲儿，她这才不好意思地放下手。对于陌生人，他尚且如此照顾人，一个好人呀。只盼快些到教学楼，他能少淋些雨。

到高二教学楼，她三两步跑过去，回头对他说："我到啦，谢谢。"

"再见。"他头也不回地走了。

是高三的学长呐……

其实……他长得很帅啊……

后来熟悉了一些，知道男生的名字：沙柽。柽是一种能防沙的红树，他的名字喻义是坚强。

两个人早上遇到的时候会打招呼。

没有想到，有一天早上天特别黑，又特别冷，她先去跑步。沙柽读了一会儿，去吃早餐了，她开始读。这时，一个阿姨走过来叫她。她有些奇怪："阿姨，你有事？"

"刚才我看到有个人跑过来，是你吧？"

再见，孩子

“是我，怎么了？”

阿姨凑过来有些神秘地问：“刚才走过去的那个男生，你认识他吗？”

“怎么了？”

“你和他说过话？”

“说过……”

“哎哟，我跟你说，你要小心一些，那个人有些神经病……”

她心中咯噔一下，阿姨的声音还在继续：“他天天早早地叫我起来开门，大厅那里有灯，让他在那里读就好了，他偏不，这乌七八黑的天气，他偏说他有手电……”

听到这里，她心想，起早来读书这事儿挺正常的呀……

阿姨神色很谨慎：“今早我在这里捡垃圾，看到你，都担心得很。你不知道，我是五楼的宿管，以前管他一层楼的，他的寝室的人都不愿和他住哦，而且，每当我去查人数，他都会赤条条跑出来……你说这是什么人？他家里条件又不太好，父母特意来求过学校让他住校，现在新高一的跟他住，不知又有多少人被他带坏哟……”

她心下震惊，“可是，看不出来啊……”

“谁说看得出来？”阿姨眼睛转了一周，“那么斯文一个人，要不是我亲眼看到，我也不信的。这位小同学，你要小心一些，以后天没亮不要再来这里了，要来也天亮一些再来，知道吧？别到时候怪我没提醒过你……"

一股凉意从脚底蹿上来，她点头，"我会的，谢谢阿姨告诉我这些。"

"我也是担心你才告诉你的，你不要乱和别人说啊，我先走了。"

她心里烦，静不下心，便收起书起身走了。一整天都在想这件事情，真的如阿姨所说吗，会不会是阿姨故意中伤他？阿姨不会平白无故跟她这个陌生人说这些，若没有事实，谁会乱诽谤人？如果他真是那种人，也太可怕了。或者，是不是有什么误会？

第二天她晚一些才去的，沙桎仍在那里，她几次想走过去问他，阿姨说的是真的吗？他真的是那种人吗？

如果他是那样的人了，这么去问，肯定不行。如果不是，去问了，就是怀疑别人人格。尽管她想听他的解释，把误会摊开，可是，可是……她不敢，她害怕，她不能涉险。

最后，她只有悻悻地走了。

之后一连五天，她都没有再去那儿晨读。

天气已经转晴，心情大好，把不愉快都抛开吧，管它呢，老天果然不敢下雨下到"2012"，哈哈！

有一天中午去上课，一个人拦在她面前，"嘿，好久没见你去读书了。"

她听到他的声音，下意识想躲，后退一步，但还是说："快考试了，需要时间复习。"

"哦，那，再见。"

她没应，径直朝教学楼去了。

这次相遇，却又让她的心乱了，她回忆起他，每天忘我地读单词，声音很好听，消瘦的身形，他笑起来有酒窝，很好看的样子，他从来未表现出任何猥琐的行为，这不得不让她重新来考虑阿姨的话是否准确了。

她终于决定去向他求证，可当她早上再去长廊的时候，他不在那里。她找了几遍，都不见他，只有那个女生仍坚持在读。她这才意识到，她连沙桎在哪个班都不知道。

女生看见她，对她笑了笑，她也笑。

她在长廊来回走，直到快上课，那个女生正要走，却回过头问她："你在等人吗？"

她点点头。

"是那个男生？"

"你也认识他？"

女生摇摇头，"他好久没来了。"

好久没来了，为什么？

已经是深冬，天气实在冷得厉害。

既然沙桎没来，她就恢复在那儿晨读了。每天早上都是只有她和那个女生在那里坚持，久而久之，两个人也便成了朋友，女生叫麦秸。

又到了阴雨天，时不时下一会儿阵雨，让人烦闷。

她在读书，轻微的脚步声响起，不是麦秸的，她以为是哪个早起的同学，也就没在意。脚步声到她身边停了。

"好久不见。"

是沙秸的声音！

她惊诧地转过头，"你……你怎么来了？"

"嗯，我有一段时间没来了吧。"早晨黯淡的光勾勒出他的轮廓，并不是很清晰，却明显地看出他瘦了，眉宇间有淡淡的愁绪。他朝她笑了笑，往长廊尽头走去。

"等等。"她唤住他。

他停下脚步，转过身面向她："嗯？"

这让她有些踌躇，"你……也是住校生吗？"

他愣了一下，点点头，"对。"

果然是住校生吗？她接着问："那……一般大厅的门卫开门都挺晚的，我看你常常来得比我早很多……是怎么样……"

"宿管阿姨也有钥匙，我都是让她来开门的，怎么了吗？"见她的表情不太自然，他有些奇怪。

"没……没事。"果然如阿姨所说！接下去还用问吗？不用问了……他……他……

半晌，她才恢复了神色，"难怪你能那么早……没什么了，那个，我先走了。"

"你带伞了吗？"他忙问。

她心中警惕，"不用，没下雨。"她逃也似的跑出了长廊，绵绵缠缠的雨温柔地在她脸上铺开，她却觉得像刀在她的脸上肆意切割，很冷，很疼。她在雨中停住脚步，沙桎的伞这时举到了她的头上。他还是追上来了。她呆呆地看着头顶上的那把蓝色旧伞，心中是说不出的难过。

"你到底怎么了？"沙桎着急地问。

她深吸一口气，用力推开沙桎，大声说："你走开，不要靠近我！"

他眼底有受伤的神色，"苏皖，是不是我做错什么了？你说出来……你这样，我真的不知道该怎么办……"他固执地又走上前将伞举到她的头顶。

她紧闭双眼，小声地问："你老实告诉我，你是不是没有什么朋友？"

他点头，"是，但如果这就是你试图远离我的理由……"

她打断他的话，"你平时在宿舍里，是不是有什么怪异的行为？"

"怪异的……行为？"他一头雾水，"你在说什么啊？"

雨越下越大，他的肩膀看上去湿淋淋的一片。

"我在说什么你自己不清楚吗？你每天晚上在阿姨查

人数的时候赤身裸体地跑出寝室，你……你什么心理？你什么居心？"她怒视着他。

他轻笑了一下，"你说的是这个，其实……"

看到他无所谓的样子，她心中仅存的希望通通化为乌有了，他承认了，不是吗？自己怎么会喜欢这种心理变态呢？

她冷笑一声，"我不想再看见你。再也不想看见你！"

他的表情僵住，他深深地看着她的眼睛，她的眼中全是失望、愤恨、鄙夷，他手中的雨伞滑了下去。

突然被雨水淋到，她被冷得吓了一跳。

一会儿后，他低下头，眼中湿漉漉的一片，他轻声说："苏皖，我不怪你。"

她转过身，缓慢地走向教学楼，麦秸打着伞站在不远处。

麦秸将她拉到伞下，她早已泪流满面。

"发生什么事了？"

她轻轻地摇头，两个人走到教学楼下，她忍不住回过头看，他早已不知去向，那把旧雨伞在雨中被风吹翻，雨水打在它身上。

这次的淋雨让她得了很严重的感冒，持续了将近一个月才好起来，她却仍旧是快快的。她再也没有去长廊晨读，听麦秸说，他也没有去。

来年暑假，她升高三。

今年学校考上清华北大的人比往年多了几个，往年较少的复旦、交大、厦大也出了几个。

沙桎考上了交大。

这也应该，他那么努力。

雨后天晴，天空是少见的干净的蓝。她站在宣传栏前看他的照片，照片上的他轻皱着眉头，一副有心事的样子。她轻轻笑了一下，走开。

"哎，最近有个很轰动的新闻，你们听说了没有？"

路上有几个谈话的女生，其中一个说。

"什么新闻？"其他几个立即来了兴趣。

她手上拿着雨伞走着，对谈话并无反应。

"那个考上交通大学的沙桎啊，据说他家曾经特别有钱，可在他读高二的时候，家里破产了，欠了银行好多钱呢，父亲还得了重病。"

"啊？那么惨？"

她停下了脚步，她从来不知道，沙桎……

"嗯，为了能继续读书，他搬进了学校的宿舍，你们知道的，宿舍一般条件都比较差，特别是男生宿舍，脏、乱、臭那更不用说，何况他以前还是一个养尊处优的公子哥儿呢，怎么忍受得了？可他坚持住了下去，领着补助金生活，吃食堂最差的伙食，两年来没买过一件新衣服，穿的全是破产前买的那些名牌，反反复复穿旧了不说，可这两年他还在长个儿啊，袖子裤脚全短了……"

原来如此，他竟然在受着这些苦……从天堂到地狱的生活，就是他曾经体验过的了吧？

"那他妈妈呢？"

"好像很早以前就和他爸爸离婚了，出了这事故，他妈妈想接他去一起生活，他却要照顾父亲，就拒绝了。他有晨读的习惯，每天早上都会在学校的各个人少的安静的地方读书，父亲破产之后，他的性格变得格外的孤僻。"

"后来呢？"

"后来，听说他认识了一个比他低一届的女生，好像是喜欢上她了，可是那个女生不知是从哪里听来他心理变态，再也不理他了。"

"那他到底变不变态？看上去挺帅的啊……"

"什么呀，他正常得很，变态的是他们寝室的另外一个男生，成天不穿衣服就整栋宿舍遛，很多人都很讨厌他……"

旁边的几个女生满脸嫌恶，"好恶心……"

"那个女生却误以为他是变态。再后来沙桎的父亲去世了，他请了一个多月的假，再后来，两个人不了了之，就到了沙桎现在考上了交通大学。"

"悲剧收尾啊。"

"那个变态一直和沙桎一个寝室吗？"

"好像后来搬走了。"

"那个女生到底是怎么以为沙桀是变态的？"

"有人中伤呗。我前面不是说他每天都起很早读书吗，可宿舍开门时间一般都比较晚，他知道宿管有钥匙，就去让人家帮他开门，宿管很烦他，然后就故意对别人说沙桀是那个变态……"

"这么说来，那个女生就是听信了阿姨的话，所以才……"

"轻易相信别人的话的女生啊。"

"好邪恶的阿姨啊……"

"这件事曝光之后就被开除了。"

"话说回来，你是怎么知道这些的，说得好像真的一样，你亲眼见到啦？"

"因为事情很特殊，有人去调查了哦，绝不是道听途说的。他和那个女生的事情，都是在他们班毕业聚餐上，有女生向他表白被他拒绝，然后他被男生灌了很多酒，逼问出来的。而他的家事，学校有记录的啊，因为被中伤，学校调查，学生会的知道嘛。"

"唉……"

苏皖站在一旁，胸口像是炸开了一样，几乎不能呼吸，捏着伞柄的手青筋浮现。

几个女生这才发现了她，有些奇怪这个泪流满面的人是谁。

"大概是被这个故事感动的吧。"

几个女生换了别的话题，自顾谈笑走开了。

那次的雨中他说，苏皖，我不怪你。

你误会我，我不怪你。

是这样么？

记忆中一个很孤单的人，曾用温和的语气向她解释他的
名字的意思，那时，一把蓝色的旧雨伞全遮住了她，而他，
半边肩膀被雨水打湿。

谁替你铭记，那年的梦

左 银

　　我从来没有像彼时彼刻那般憎恨你的沉默，以及我的无奈。我不是你，你也不是我，彼此的想法谁都改变不了，所以我无奈地选择沉默。

　　你查高考成绩的时候，我站在你的身旁。至今我还不知道你的高考成绩，只是清楚地记得你当时的表情。你惊愕地睁大了眼睛，满面地不可置信，紧接着，失望与难过爬上你的双眸。G，你没事吧？我想问你，可是看着这样的你，到嘴的话怎么也说不出口。

　　分数成了你不能触摸的痛，这个六月是你的终结，也是你的开始。

　　后来，爸爸妈妈叫你去复读，你拒绝了。G，为什么要拒绝？你就那么懦弱？连让高考证明你的勇气都没有？

　　你一个人背上了行囊，离开了家，孤冷又清傲的背影，让我的心隐隐抽疼。我暗暗发誓，绝不替你延续你未完的梦想！

成长的打磨，消退了你所有的棱角，曾经那个桀骜不驯的小子一去不复返。逝去的日子就像一片片死掉的残花枯叶，渐行渐远的不仅仅是青春，还有其中的不羁与纯情。这些年来，你变得那么沉默，沉默得让人心疼。

我常常会想到这样一个画面：一个弱小的身躯在残酷的环境里艰难地生存，却禁不起一次次风浪，一次次被击垮，趴在地上，浑身泥泞。

两年后，你回来了。

如今的你，慢慢地蜕变成一个成熟的男子，脸上有着大人思考生活的焦虑，嘴上挂着大人寒暄应酬的微笑，有着大人自以为是的口吻。我突然感觉你变遥远了，你变成了一个熟悉的陌生人。

你吐着烟圈对我说，"我也有过梦想，有过万丈豪情，满腔热血。"

我愣住了，你说的是过，过去式的"过"。才二十二岁的你为什么苍老得像四十二岁似的？现实就有那么残酷吗？我不明白。

"你曾经跟我说过，用心甘情愿的态度，过随遇而安的生活。现在的你，心甘情愿吗？你的心就没有哪怕那么一点点的不甘吗？你就那么沉默地看着梦想随风消逝吗？"面对我的质问，你许久不言，最后才幽幽地说了句，"你不懂？"

是！你说得对！你的世界我不懂！那样的世界我不屑懂！

时光荏苒，即使我们是兄妹，也渐行渐远。

亲爱的G，现在的我，十六岁，这个年纪的人，有的是梦想，有的是万丈豪情，有的是满腔热血。我不怕失败，不怕被否认。

亲爱的G，还记得你当年的梦想吗？

再见，孩子

江 君

　　第一次看见她时，她还小，几乎站不稳，但她坚持不要他人扶的倔强模样实在是可爱到让人无法忘怀。她扶着墙一步一步地挪动，她的母亲在不远处唤着她的乳名，她咯咯笑着跑了过去，那两个小小的梨涡也伴着她的笑漾了起来。

　　然后，她摔倒了，哭得好不凄惨。妈妈吓得赶过来抱起她，嘴里"哦哦"地哄着，这才止住了她的哭声。

　　第二次看见她时，她不但能走了，还能拿笔了。趁着家人不在，她拿着妈妈买的彩笔，看着哥哥的数学书，在墙上写着"1，2，3……"字越写越大，越写越丑。她不高兴了，将笔随处一扔，然后捧着数学书看了起来。她还不认识汉字，但她能看懂画。

　　"呀。"她奶声奶气地叫了一声，然后又拿起了笔，

再见，孩子

临摹着数学书上的小女孩儿。

家人回来后，看见惨不忍睹的墙和那张挂着认真的小脸，不知是该哭还是该笑。

第三次看见她时，她正闷闷不乐地一个人玩泥巴，原来她多了一个妹妹。家人告诉她："从今以后你就是姐姐了，姐姐要照顾妹妹，要让着妹妹，要……"她认真地打断家人："我要做妹妹。"妈妈笑了："那怎么行，你是先生出来的。"

她哭了："妈妈坏，不先生妹妹，偏要先生我。"然后就跑了出去。

她边抠泥巴边自言自语："坏妹妹，玩具绝对不给你。"

第四次看见她时，她上小学了，背着红彤彤的书包，在妹妹面前臭屁地炫耀了一番，顶着妹妹艳羡的眼神，神气地去上学了。她看见老师打招呼，看见同学挥挥手，认真听讲，认真完成作业。她成为老师眼中的乖学生，同学眼中的乖女孩儿。然后她就自以为自己是完美的了。

第五次看见她时，她的目光里多了一些以前没有的东西。原来她已是一名高中生了，学业一下子重了好多。

她突然发现，比自己优秀的人有那么多，比自己完美的人多到用"多"来形容已经不够了。

她对人生也有了新的感悟。

她不再单纯得如孩子一般脸上挂的永远是笑。

她开始一个人神伤、一个人哭、一个人冥想、一个人想笑却怎么也笑不出来。

　　她已经长大了。时光翩跹，十几年转瞬即逝，她终于明白了自己已不是那个喜欢笑和闹的孩子。

　　然后，我醒了。

　　再见，孩子。

总在怀念的小时候

乔小棉

小的时候，我们总是在自家的院子里和小伙伴们玩过家家，你当爸爸我当妈妈，照顾宝宝直到长大。

小的时候，我们喜欢自己玩跳格子，怎么跳都是第一，然后就笑啊笑。

小的时候，我们喜欢玩捉迷藏，找人的时候要趴在墙上数声二十下，然后我们每次数完了就问："我数好了你们藏好了吗？"这时，总有些傻小孩儿很诚实地回答说："藏好了。"然后，他们总被第一个找到。

小的时候，爸爸妈妈工作完回家的时候，我们总喜欢去翻他们的口袋，因为他们总喜欢把糖果藏在那里。时间久了，爸爸就开始使坏了，回到家门口时，他就提前把糖果藏在手心，然后把手放到背后，他笑嘻嘻地对正在使吃奶的劲儿翻他口袋的我和弟弟说："宝贝儿，要认真翻喔，爸爸给你们买了好多糖果呢！”然后我和弟弟把爸爸的口袋翻了个遍。最后红着眼睛骂爸爸骗人。

小的时候，我们喜欢站在爸爸的摩托车后面，使劲地吸啊吸。完了还得瑟地对小伙伴说："今天真饱。"

小的时候，我们喜欢在家里没人的时候，偷偷拿着妈妈的口红在脸上乱画，穿着很不合脚的高跟鞋，自恋地在镜子前摆各种姿势。

小的时候，我们喜欢披着小被子站在床上扮超人。

小的时候，我们总是喜欢把拖鞋反着穿。当看到某位乖小孩儿把鞋穿得和自己不一样的时候，就大声喊着："哎呀哎呀，你把鞋穿反了啦，我妈妈说应该这样穿！"然后很得意地伸出了自己穿反了鞋的小脚。

小的时候，吃了西瓜从不敢再喝水，因为妈妈说喝了水肚子里的西瓜籽会发芽。

小的时候，我们总喜欢说长大后；而如今，我们长大了，却总在怀念小的时候。

谁的纸条在飞

她比烟花寂寞

陈勋杰

我生活在中国东南沿海最为炎热的一处，心底种着一棵香樟树。这年立夏时节，这棵香樟树生根发芽，散发出最为辛辣的气味，充斥着我尚且贫瘠的胸腔。这便是荷尔蒙的味道了。我喜欢上了迟到，喜欢上了发泥，喜欢上了与和蔼的老师顶嘴。那时我嫌校服衬衫太紧，习惯将领口开得很大，锁骨在光滑的颈部突兀着，胸前挂着一块非常独特的玉坠。那块玉并不是翡翠般的绿色，而是如同花茶般的浅黄，用跳眼的钛链挂在胸前。

一次晚自习迟到与老师争吵起来，年迈的老师以为我胸前挂着什么不伦不类的饰物，一把抓下来扔进了黑漆漆的窗外。老师的皱纹愤怒地拧在一起，叫我三节晚自习站在座位上别动。我感觉胸口一凉，脸上仍然保持着硬邦邦的倔强表情。整整三节课我都心不在焉，生怕那块奇特的玉石会被人捡走。于是一下课我就像只尾巴着了火的狸猫般冲了下去。但是任凭我怎么找也找不到了，月光丝质般的柔滑，我带着一手辛辣的草汁回到了教室，那个时候人都已经走光了，我忧郁地走进教室准备拿书，看见一个女生正坐在教室中央的一个位置。

那是杨雅铮，有着一头瀑布般黑发的杨雅铮。她见到声响一下子站立起来，一脸漠然的表情。

我一边收拾书本一边问她怎么还不回家。

"嗯，赶卷子。"声音是二十五度的温水，哗啦啦地流淌在整个教室。杨雅铮扬了扬手中的一张试卷，转过头来接着说，我这就走了，你记得关灯。我抬起头来准备答应她，却一下子被眼前的景象惊住了，杨雅铮如同瓷器般的颈部肌肤上分明挂着我的那块玉坠，那块曾经感受着我的体温与心跳的玉石，此时如此妥帖地在她的身上。

杨雅铮旋即掉头走开，我却忘了追上去质询那块玉石的由来。我缓缓走到杨雅铮刚才坐着的那个位置，摊开的习题集上写的却是方子彬的名字。周遭虫鸣起伏，远处弥漫着雨雾。

那明明就是方子彬的座位，原来杨雅铮是这样赶卷子的。

杨雅铮是棘手和极难对付的女孩儿。并不是天生暴戾，而是让人难以忍受的冷淡。也许早熟的女生就是这样子的吧，和全校最嚣张霸气的男生混迹在一起，被除此之

谁的纸条在飞

外的所有人鄙夷嫉妒，头发烫了之后被勒令剪掉，长长之后又接着烫，逃课被抓回来之后又接着逃。要不是那块玉就这么突兀地悬在她的胸口，也许我永远都不会注意到这个不食烟火的存在。光这么想想都够让人烦恼的了，如果直接问她要真怕惹上麻烦。

我只好每天就这么像一个蹩脚的间谍一般关注着杨雅铮。祈祷着哪天她能卸下那条项链然后出去一小会儿给我机会。但她的踪迹就像谜一样，让一旁的我如坐针毡，望着窗外远处的白色巨塔，我的脑海里就能轻易浮现出杨雅铮戴着那块玉娴静的模样。原本淡黄色的玉坠仿佛与她的皮肤融在了一起。最后，第二天下午我上了半节自习，然后翘了半节自习。为了不被老师再次抓个正着，我悄悄从走廊的另一边绕了过去，结果我在那条人流稀疏的走廊尽头看到了杨雅铮，她坐在一级阶梯上，腿上压着书包，正在写一张卷子。

我将脑袋探过去，明知故问："杨雅铮，你在干什么呢？"

杨雅铮被吓了一下，见了是我，不紧不慢地说："写卷子。"

"哦。"我的目光停留在她隽秀的笔记上。她的笔触像是可以开出花朵。

"帮我写吧。"

"啊？"

"我有几个地方不太懂，不然你教我。"我的一句"凭什么你的玉坠还没还我呢"被卡在喉结处，便被杨雅铮强拉下来写卷子了。我说，我的成绩也很烂，错了别怪我。杨雅铮弓着身子站在一边，有几缕头发落在卷子的一角。风不时从石栏的空处吹进来，时间此时凝结成一块透明的固体。其实我一直很纳闷，她用得着这么用功吗，这时候不是跑出去和坏坏男生鬼混的最佳时机吗？想到这里，我的思路全断了。过了半晌，我挑衅地说："不做了，做不来了，你为什么不叫方子彬帮你呢？"

杨雅铮的脸骤然沉下来，说："把卷子还给我吧。"她原本妩媚的脸上挤出几道皱纹，默默把我手中的钢笔和卷子夺过来便头也不回地走了。

相对于女生口中那个男人缘极好、千娇百媚的杨雅铮，似乎完全变了一个人似的。这让我开始后怕，如果我向杨雅铮提起那块玉坠的事情，她会不会直接给我一拳。在恹恹欲睡的温柔时光中，特立独行的杨雅铮是各位八卦的最佳材料。因为最近的情况突兀地表明，方子彬喜欢上了杨雅铮。如果叫我们班选出一位能拿得出手的男生，那么必定是方子彬了，身材颀长，面容清澈，连成绩也总是毫不费力地停驻在最高的地方。

这样一个被温柔、淡然、品学兼优和彬彬有礼所包裹着的干净少年，无论是快乐还是忧郁，人们总是对他的一举一动给予最为密切的关注。而杨雅铮的出现，让周围的目光变成了长吻鱼的鱼嘴，在暗中恶狠狠地戳进来，然后汲取着幸灾乐祸的原料。

让两个人关系开始明朗的是某天体育课的一次测试。天空万里无云，光线倒映进眼里出现了模糊的叠影。测试的内容是跑八百米，先是男生，之后便是女生。男生基本全部通过，到了女生的时候，跑在最末尾的有好几个体力不支的女生，其中便有杨雅铮。她的脸平时洁白如雪，这个时候因为烈日的缘故，绽放出一朵朵的红晕。眼看脚步一点点冻结下来，坐在一旁休息的方子彬毫不犹豫地冲进日光里陪杨雅铮一起跑了起来。远处少年鼓起的衬衫和少女舞动的黑裙交织成一幅和谐的景象。身后的议论声开始如同涟漪一般层层叠起，有女生说，方子彬是傻瓜吗，他要高年级的男生过来揍他一顿才罢休啊。而此时的方子彬在杨雅铮耳边温柔地呐喊着，没有一丝惧怕的表情。

那时我和方子彬都是国旗班的队员，关系熟络，训练的间隙我问方子彬："那天体育课你怎么了？你和杨雅铮真的好上了吗？"没想到方子彬只是细细地说："没，我只是想帮帮她而已。"

"少来，你能帮她什么。"

远处的彩旗被夏天的风吹出好看的褶皱。方子彬说："我也不知道。"

我哈哈一笑，说："对，爱情是不需要理由的，你这个情种。"

但是这段并不明朗的暧昧关系还没持续多久，在我们甚至都没侦测到双方的任何动静的时候，班主任便先行一步了。那天晚自习刚上到一半，窗外照例是响亮的虫鸣，远处甚至还有隐约的雷鸣。先是方子彬出现在走廊上，接着是杨雅铮被老师强行从楼梯上拉上来，毫无预兆的两个响亮耳光，连躲闪都来不及便打在杨雅铮的脸上。方子彬喊着说："老师，你怎么能动手打她？！"

还需要说吗，好端端的晚自习，你们两个躲在车棚里干什么！给我到办公室去待着。严厉的班主任劈头呵斥道。远处的闪电有紫色的光芒，骄躁的初夏急需一场大雨。而杨雅铮就这样站在那里，仿佛一株安静的植物，浓密的睫毛盖住眼眸，看不出是否藏着泪水。那天晚上，两个人在办公室挨骂，接着被罚站在漆黑的走廊，两个人各站一角顶着墙壁，墙里墙外都不敢出声。后来竟然是一发烟火蹿上天空打破了结冰的沉默，伴随轰的一声，整个教室像是玻璃城堡一般被紫绿色的光芒包裹，宛如少年的梦境。而此时的杨雅铮突然一下子哭了出来，好看的脸颊被烟火照得斑斓模糊，那么让人心疼却又那么寂寞。

后来这件事被全校当成了反面教材。所有老师的一致意见是，杨雅铮作为差生的存在，严重扰乱了优秀生的心理健康。虽然方子彬同样受到了惩罚，但是那不轻不痒的责骂和悔过书根本就不算什么。班上女生暗地里幸灾乐祸,谣言纷起,长吻鱼的毒液四溅,就算给杨雅铮戴上"狐狸精"这样的老土称号也不为过,只有我的心仿佛突然被蚂蚁啃噬了一下,是因为那天看见她哭的缘故吗?这种感觉很快就被生活的汪洋吞没。

而方子彬对我说,那天晚上凉爽极了,是他想载杨雅铮去兜风,杨雅铮不同意硬是要去教室,小小的争执之下被值班的班主任发现。但是这件事班主任却是绝对不让方子彬对其他人说的,那样的话他的处罚会加重。彼时,这位眼睛里仿佛镶嵌了星辰的少年目光一下子黯淡下来,他说,陈勋杰,你也觉得她是坏女孩儿吗。

我犹豫了一下说,也许是吧。

但是当你喜欢一个人的时候,会不会相信自己的力量能够感染她,然后让她变好呢?

没有恋爱经验的我完全不知道怎么作答。末了,方子彬一个人云淡风轻地说,那天的烟花简直太美了,她却比烟花还寂寞。

杨雅铮被勒令在家闭关一周。而我也决定,下课后悄悄在杨雅铮的桌兜里翻腾一小会儿,看能不能找到那块玉坠,这简直是一个绝佳的机会。在好奇心和其他一系列复杂的情感的驱使下,我探进她的桌兜,却只发现一叠又一叠白花花的卷子,跟普通学生的桌兜根本没什么两样。夕阳的余晖一点点爬上我的手臂，我蹲在她的书桌前，双腿酸胀，这时却注意到那些试卷上每一张的左上角都写了一些什么，是方子彬的笔迹，大概是励志的话语什么的。一笔一画都相当认真，原来方子彬真的在帮杨雅铮。这时我站起来，关于那块玉坠的事情却被全然忘记了。如果说这个夏天我开始变得叛逆并且自傲，那么同样在这个夏天，杨雅铮开始褪去放肆和浅薄，这也是有可能的。有的事情你不得不选择去相信，往往是因为相信，奇迹才会发生，不是吗？我写了一张匿名的纸条扔进她的书桌，上面写着，那块玉坠好好保存，愿它可以带给你幸运。

　　一周之后，杨雅铮的归来让平静了一周的班级再次散发出鄙夷嘲笑的气氛。只有方子彬暗暗松了一口气。而我注意到杨雅铮胸口的那块玉坠早已不见了，孑然一身地站立在那里整理好这周发下来汪洋般的试卷，而这些空白的试卷除了温热的墨香，还有更加温热的方子彬的气息。

　　两个人的关系并没有因为班主任的阻挠而一刀两断，相反的，基于某种信念，方子彬对杨雅铮的爱恋愈发热烈。直到某一次晚自习发试卷的时候，方子彬是学习委员，发到杨雅铮的座位的时候，她突然说，你不用发给我了，谢谢你。声音不大却尤为清晰。

　　方子彬瞪大眼睛说，为什么？

　　没有为什么，总之我会辜负你的。别这样了。

　　在全班人的注视下，这两个人的动作像被放慢了几十倍，连杨雅铮抬起头的瞬间都那么漫长。那意味深长一眼谁都猜不透，窗外徐徐的凉风却使人催眠。

后来，杨雅铮令人惊奇的举动让这场恋爱彻底无疾而终了。不知道是出于怎样的原因，方子彬在校外被一群小混混揍得很惨，而结果调查出来就是杨雅铮叫那群人干的。加之前面一系列不检点的行为，杨雅铮终于被学校开除。班会课上的时候，班主任宣布了杨雅铮被开除的消息，下面一片哗然，很多人的脸上都是一副胜利了的表情，这么一个狂妄少女的离开，果真是大快人心。

而我和方子彬的脸色都很难看。

我有我的选择，既然本身就不喜欢念书，所以怎么尝试也没有用的。你喜欢我、帮助我，只会让你陷入跟我的一样的深渊，我希望你依旧是那个淡然的透明的水晶一样的少年。这是杨雅铮誊写的卷子上的话，然后交给方子彬的。

下课后，我和方子彬在无人的走道上吹风。远处稠密的云朵聚集在山峦的上不愿离开，仿佛这么不经意一瞥，就能看见杨雅铮正坐在某一级阶梯上写卷子，我相信那个时候的杨雅铮，一定是怀着明亮的希望在写着的，她一定是尝试过的吧。方子彬脸上的创可贴怪异地贴在那里，风稍微一吹，眼眶就有些红了，他说，没办法，像烟火一样，注定是抓不住的。

这语气真像一个老男人。

而即使是烟火，也有它存在的理由不是吗。只是烟火溅落在我和方子彬的肩上，衍生出了别样的意义。

而我静静倚靠在栏杆上，看着天色渐渐化开变暗。我说，这样不是很好吗，很多故事不必被人知道，很多结果也不必揭晓。而杨雅铮呢，是不是依然保持着这般无所谓的倔强姿态。即使是四面楚歌，依旧云淡风轻，最多也就是选择离开。

末了，方子彬从胸前的口袋里拿出一个什么，狠狠地往远处一扔，说，再见吧！我的青春。

我从草丛里将那个东西捡起来，发现是那块在初夏丢失的玉坠，因为光线的缘故而在手中浑如星辰了。我紧紧攥着这块玉石，想象着它伴随着杨雅铮然后当作信物交到方子彬手中，最后又回到了我的手中，从夏天的开始到末尾绕了一个圈，质感却变得更加妥帖了。我想，我应该将这份勇气延续下去。时光的洪流依旧在奔走，蜕变和懂得也从来不停下它的脚步。

人不军训枉少年

夏小正

听蔡健雅的《红色高跟鞋》："该怎么形容你最贴切……你像我在被子里的舒服……"恍然将军训套进句式里。oh——坑爹，你像我在红太阳底下的伤心欲绝，oh——江南style……

刚开学报到后，男辅导员冒着极大的生命危险冲进我们六栋女生宿舍，给我们传道授业解惑，末尾，他施施然开腔："明天就要军训，你们是知道的，做好心理准备吧。"

我不由得怔住了，为什么不是做好东西准备诸如防晒霜啊鞋垫啊？军训居然要做好心理准备……屁大点儿事啊！

当天晚上，我们对军训服进行补充完善和洗涤。军训服实在是太劣质啦，穿上后远远看过去像是蠕动的毛虫。

鉴于我根本没有在为期半个月以后还收留它的长久之计，所以还算满意。至少是长袖长裤，减少了皮肤的裸露面积，助我防晒工程两"臂"之力！缺点是帽檐儿太小了，遮不全我好大一张脸。

那天晚上，我在两个贤惠女的协助下，将肩章、帽徽什么的给安装了上去。蓦然发现，鞋带儿少了一根儿，在自己球鞋身上拆了一根白色的，与绿鞋相衬又太醒目，遂弃。贤惠女其一灵机一动，将绿色的晾衣绳剪下一段替之，果然很是低调相宜。之后有学姐见之微讶："你们的鞋带儿跟我们的不一样欸，换新的啦？这个颜色好漂亮啊！"

终于到了军训中，早上六点半，满坑满谷的绿色毛虫在蠕动，蔚为大观。要是熟人突然不见了，是断断没有希望在人群中找回的。田径场上分排集合站军姿时，天气开始不给力，日头毒辣起来，全操场的人顿时在白晃晃的光里无所遁形。首长在主席台的晦暗处大张旗鼓地安抚我们："今天温度不算高哈，不要说四十度喽，三十五度都可能没有！往届你们的学长学姐啊，在我这话还没说完的时候，就有人倒下去了……"

我勤勤恳恳地将脑袋往下低，尽力避开太阳公公对我的追杀，奈何我们六十七排的小教官不从："头低那么低干什么！再低把你的帽子掀掉！"说他是小教官，是真的小，就是大二的学长，传说中学妹在大学最容易爱上的人。我只好悻悻地装模作样地把头抬起那么一点儿。真的，我只是怕晒黑而已，全身发烫、汗流浃背、腿部酸麻什么的则完全无压力，对于晕倒这件妙不可言的事，我始终力不从心。

这项全体站军姿项目在每天的早中晚都会来一遍，一般是十分钟，惩罚性的话会延长。只有做好这个，五千多号人才能分开各自训练。作为一个性不喜静的人，我并不喜欢小团体单独训练，而热爱全体新生在操场上济济一堂，玩这种"大家都是木头人，不许说话不许动"的游戏。最初还指望借它纠正我的驼背，不过事实证明我想得太美了。

在这个过程中，还掺杂了一个奇怪的小项目，叫"盯出眼泪"。到现在我也不理解发明这个的人居心何在，要求学员盯着前面人的后脑勺，不眨眼，眼泪流出来就算胜利，直到大声打报告，会得到教官的口头表扬甚至记录次数加分的奖励。

好了好了，如你们所愿，半个月一次都没有盯出眼泪的人是我是我就是我。

教官之间会互相攀比。我们排右手边是个男生排，他们的教官是个男版怨妇："隔壁女排都有六个人盯出眼泪了啊！你们怎么这么差劲儿啊？才两个人！"站在离他们最近一侧的我很是忧伤，这世道到底是怎么了，男生比哭比不过女生还要被骂……不过还是有理智的人的，全操场皆醉他独醒，他就是我们斜前面男排的教官："别的排要盯出眼泪，我不管啊，你们不准！谁眼泪流出来我踩死他去啊！"嗯，真是个有良知的人。

整个田径场伴随着大得让人连口气都不想喘的太阳，还是有此起彼伏的"报告，王雨竹盯出眼泪""报告，萧楠盯出眼泪"。渐渐地，还会有"报告，王雨竹再次盯出眼泪""报告，王雨竹第三次盯出眼泪"，再渐渐地，就是"报告，盯出隐形眼镜""报告，我已泪流满面了"。

真是欢乐多……吗？

一个排军训的苦难指数和幸福指数与教官的心慈程度及幽默程度成正比。而教官又是随机发放的，所以能否抽中一个可爱的教官全靠人品。我们排教官综合评定比较闷骚，中规中矩，对我们较为放松。我将有关他的所有回忆团个球，使劲压榨，找到了他唯一显露情趣的细节。

事情是这样子的……很久很久以前，你们就应该发现我不是个好鸟，所以，我会三从四德地好好军训？

当然，我也没有太出格，不迟到不旷训，就是小动作多、态度散漫、和教官顶嘴……而已。他气愤不过，老是扬言要挂掉我。初期我还抱有幻想，采了一株路边的小黄花去和他道歉。教官态度也不错，恳切叮嘱了我几句，似乎并不记仇。可是！挡我防晒者死！组织上重申，除了钥匙和饭卡，不准带任何东西，我大咧咧地补防晒霜时被他抓个正着。从小到大，我最有阴影的事就是东西被缴。

谁的纸条在飞

他的手掌摊在我面前，很有风度地让我把盖子旋紧后交给他。情急之下，我软弱地服从了，将那支小小的防晒乳液心不甘情不愿地递了上去。他的手都触及了，突然我又生出孤勇，将手往回缩。他终于怒了，一把抢过往五步开外的花坛一掷。动作帅气利落，全场万籁俱寂。

虽然我当时非常丢脸，但表情上不能服输，我立马蹬鼻子上眼，脸臭得赛大粪。也不争辩，接下来的训练动作甚至规范起来。好吧，我承认，我就是要他于心不安，其实我维持这份表情和怨气十分辛苦。在武侠电视剧里看到我，谁都会认定这是个身负血海深仇的角色。

期间瞥到他凑到花坛处似乎在找寻，我的虚荣心得到了极大的满足。果然，大家收拾东西准备解散时，我假惺惺地跑去花坛处，他叫住了我："防晒霜在我手里，解散自己来拿。"真到了解散的长街上，孰料他掏出防晒霜的同时却傲娇地来一句："深蹲十个。"噢，深蹲，劳改犯的惩罚方式，怎么能在这个场合呢！相熟的朋友都已经凑了上来意图喊我吃饭。我气急，将脖子剧烈地扬起，反身就走，口里还嚷嚷了一句："我不要了！"

我孤注一掷地向食堂方向走，雄赳赳气昂昂。同时也竖耳倾听背后的动静，电光石火之间觉得教官就算不挽留也至少会撂句狠话的，我就希望和他纠缠不清！岂料，女人的第N感提醒我，背后的人根本未做任何迟疑，几乎同时往反方向走去。活脱脱的一幅几米漫画《向左走，向右走》，活脱脱的！

我想到了五十大洋的防晒霜，一半还没用完，下午还要接着用呢！已然是痛心疾首，乌拉乌拉地反身去追。

果然，教官已经将背影留给了我，步伐不疾不徐，也走出了三步开外。突然身形一滞，我知道他已经感知到我了，岂料他并未回头，直接做出了起跑的身体趋向。这个反应大大地出乎我的意料却又把我萌到不行，但姐的反应岂会差他分毫，从小到大躲过了多少贱人的突然偷袭，在他跑到第二步的时候，我就已经稳稳地扯住了他的袖子，并在心里高呼万岁，让他跑了可大事不妙。

教官一脸不耐烦加深深的挫败，堂堂士兵一样的男人，居然被一个女生抓住了，在众目睽睽之下。

我很有分寸地扯住他的袖子而不是手，并未有肢体接触，但他就是跑不掉。我理直气壮地背叛几秒前的傲骨，理直气壮地和他讨价还价："你现在还给我，晚上训练的时候我还你五十个深蹲！"

他的眼睛四周逡巡，就是不看我，声音凶狠了好几度："放开。"

"晚上还给你。"

"你现在给我，晚上一百个深蹲。"

……

周围已有叽叽喳喳之声，指指点点之举。

他终于投降了，复又将防晒霜从口袋掏出，任我喜不自胜地拿走。

事后，见证人告诉我，旁边有学长议论："那教官是大二的还是大三的，这么快就勾搭上了？""大二的吧，不过无所谓，这年头，年龄不是问题。"

劣迹斑斑我就不好意思——列举了，只是犯罪情况属实。纵然我这样欺侮他，不给他面子，犯罪情节严重到绝对可以挂掉我的程度。他还是为了让我不挂科，在考核分普遍低的情况下，给了我操行分的满分。

你问我最后蹲了一百个深蹲没有？怎么可能……

我人生中最后一拨军训就这么坑爹地结束了，每天没有时间吃饱睡饱，作息忙碌地跟行军打仗无差，贡献出来的大规模大面积时间却是深刻地陷入了无边无际的无聊。真是讨厌军训啊，希望亲爱的学弟学妹们做好准备啊……

是心理准备。

带我飞过这座岛屿

蓝格子

奶茶店里，空调足到让人发冷。阿格同学正捂着胸口，一把鼻涕一把泪地诉说她那刚萌生便被掐死的少女心事。

吸了一口奶茶，巧克力味儿便在口腔中肆意蔓延。

"你为他做什么了？"我像见过了大世面一样淡定地说道。当然，如果你有像阿格这样的花痴死党，你也是可以做到的。

"我每天帮他带早点。"

"我也每天帮路离带。"

"我每天和他聊天。"

"我也做过。"不经意间抬头便看见她针芒般的目光。

"我还每天帮他做作业。"

"我也是。"这时，阿格同学的眼中已充满熊熊怒火，随即又慢慢消散。长时间的相处让我知道大事不好了。果然，锋利的目光变成了狐疑。

"你和路离什么关系啊？"

"哥们儿，你又不是不知道！"我差点被一粒珍珠呛死。

"啊唷？你确定？"刻意延长的音调让我鸡皮疙瘩四起。

漫不经心地回了句，"我们是不可能的。"心里却似波涛涌起。

不会真要出事吧。

然后，一场少女怀春大会演变成了对我的八卦轰炸会。

回家的路上，我一直思考这个问题，像被一块大石头突然堵住胸口。

抬头，路离正斜靠在门前的大树上，并没有多么销魂的脸庞，干干净净配上那无敌阳光笑容也算看得过去。见我走近，他挥挥手像哄小孩子一样，"年又又。"我一溜儿小跑过去，顾不得擦脸上的汗水。

"干吗？"

"没事。"

"就是觉得你跑步样子挺好玩，想逗逗你。"我一脸黑线。

两人边走边闹，影子真美。

夕阳正依偎在地平线上微笑，暖融融的淡黄色让人垂涎。

阳光正好，日暖花甜。

该不会真的喜欢上他了吧？时钟已悄无声息地走到了凌晨。怎么可能，明明说好要做一辈子好朋友的，可……我用被子紧紧盖住头。

第二天顶着熊猫眼去了学校。阿格同学看见我便大叫一声："你在路上被人……是路灯太暗那人没有看清你脸？"我尖叫着以快节奏拍打着她的胳膊。

打开镜子，大大的黑眼圈，来不及整理凌乱不堪的头发，加上那一副怨妇表情。真的是不用化妆就可以去拍鬼片了。

回到座位，伸手进去，果然摸到了一瓶温热的旺仔牛奶。知道我胃不好，路离总是细心地在清晨热好牛奶。你说如果有一天我习惯了你的好，你突然离去怎么办。

旺仔放在桌上，大眼睛无辜地打量着，再看，再看我就把你喝掉。我拍打着它的身子，笑容却一直没有改变。这好脾气真像路离，真讨厌。

路离站在门口对每个人都挥手微笑。舒一口长气，我走过去看着他，认真地说："以后不用等我了。"

一时间，路离眼中闪过的诧异让我莫名心慌。

"你亲戚又来了啊？"

谁的纸条在飞

"嗯。"

听出我语气中的不愉快，路离停下脚步问道："你没事吧？"

背影挡住了阳光，有那么一瞬间我觉得他就是天。

"没事。"我摇了摇头，自顾自地向前走去，完全不顾路离在身后的大喊大叫。

那样的路离真像个泼妇。

我清楚地记得他的最后一句，"年又又，你就是个疯子。"

是啊，我就是个疯子。我多么害怕我亲手毁了这段友谊啊。人们不是都说"相濡以沫不如相忘于江湖"吗？

我知道路离从来就不是个纠缠的人。

再也不能品尝他的旺仔，再也不能霸道地占据他身边的位置，再也不能眉眼弯弯地跟在他后面大喊"路离你等我"。

我的不对劲表现得如此明显，连阿格这个神经大条都感受到了。

"你和路离没事吧？"

"我们能有什么事。"我将头埋入手中，闷声闷气地答道。

阿格同学摇晃着我的双肩，想将我拉起来问个究竟，却不小心撞到一抹热泪。

我想当初哥伦布发现新大陆也就这个语气了。

"年又又，你居然哭了。"怎么可能？我怎么会为路离哭。我只是被沙子迷了眼，可这沙子怎么这么大，我都睁不开眼了呢。

两个人的有意疏离，即使在一层楼也没有遇见过。我听闻的路离越来越优秀，更多的光环挂在他的头上。没有我在身边的日子也没有太多改变，甚至越来越好了呢。

某日，正逢我和路离班一起上体育课。我和同学捧着篮球在操场上乱晃。

休息时，路离正在球场上争王逐霸。同学的眼看向远方，淡淡地说了句："他对你真好。"轻柔的语气让我嗅到暧昧的气息。爱好八卦的我却没了接着问下去的勇气。想起这些日子，苦涩地摇头。

往往你的幸福都是在别人的眼中，站得太高反而会遗忘。

一语惊醒梦中人。我想我不应该躲着路离了。可是要怎么去开口呢？

正当我冥想之际，一个篮球伴随着同学的尖叫朝我飞来，方向够准，力道够狠。

恍惚间，我看见路离过来捡球，看了一眼便只身离开，单薄的身影消失在视野里。真的是回不去了吗？

我无助地坐在地上。突然阳光被不明物体遮挡，路离和我最爱的旺仔。他朝我浅浅地微笑，逆着光的他像极了童话里走出来的小王子。

少年回来了吗?

　　“路离……”刚开口声音便哽咽住，路离无可奈何地看了我一眼，说道：“年又又，我不管你最近在闹什么脾气，但你要相信我会一直在。因为我是你的soulmate。”

　　“soulmate。”我默念这个单词，突然想起当初我和他说起这话时他一脸的不屑，原来还是在意的。

　　“回家吧。”路离站起来向我招手。

　　我跟在他身后，有种他去哪我就去哪的悲壮感觉。

　　就算前方是地狱，是火坑，我也毫不畏惧，因为有你。

　　我爱你，无关风月。

谁的纸条在飞

枭 歌

外面下着小雨，微凉。

无意间翻开抽屉，看到一沓沓整齐的纸条，静悄悄地躺在那里，刹那间，鼻子发酸。

中学时代，课上的纸条满天飞。

那时，老师一背过身，纸条就开始飞速转移，那速度、那阵势、那默契，如今想来，小心脏还是会扑通扑通地跳。

1

翻开最上面的一张纸条，是一串数字，没有署名。

但我知道，是他。那个有着阳光般微笑，每天用各种方法哄我开心的男孩儿。

成长是乘风破浪的勇气

我鬼使神差跑到电话前，认认真真按下这一串号码。

"对不起，您拨打的电话是空号，请查证后再拨。"

我记得，他递给我这串号码时，摆出无所谓的神情，"你无聊可以打这个号，空号，随便拨。"

当晚，我按下号码，他的声音却出现在电话尽头。

我慌了，赶忙挂掉，却绯红了脸庞，毫无准备的开场白，竟然是慌乱中挂掉电话的"啪——"。

隔天，我气呼呼地质问他，他笑呵呵没有作答。

之后的很多个周末还有我最失落的夜晚，我都会抱着电话对着那端玩世不恭的声音说，"记得明天给我带早饭。"电话那端也总会满腔不屑，"你长得真美，你想得更美！"

可是，第二天早晨，我的书桌里都会多一份热乎乎的早餐。

有人说，每个幸运的女孩儿身边都会有一个心甘情愿的男孩儿，哄她开心，陪她说话，失落时借她一个肩膀，开心时让她使劲儿掐自己的脸。

年少的爱情总是无疾而终，而这样的友情，却会一直陪伴他，很多很多年。

那个男孩儿，我们之间的故事，无关风花雪月，却给了我那么多温暖的时光。

2

一张淡蓝色的信封，在一堆白纸里，显得突兀，就像我望向你时淡蓝色的心情。

轻轻打开，回忆瞬间袭来。

上面是你潦草却仍见清秀的笔迹。

"我喜欢你。"这四个字不停地拨弄我的心弦，嘤嘤成韵。

每天，我转过身和你讨论数学题，和你开各种玩笑，和你打闹。

那时，你会假装挖鼻孔让我看，会撒娇地让我帮你做这做那，会和我抢好吃的，之后又推给我说，"你吃吧，等下又说我欺负你。"

再后来，我故意疏远你。你问我原因，我充耳不闻。

我明明看见你和另一个女孩儿一起吃饭，她抱着你的腰坐上你的单车。

我有我的骄傲。

就这样，我们成了咫尺天涯的陌生人。

我一直没有讲出口的是，"我也喜欢你。"

但是，过去的已经过去。

嘘，别再惊动了少年。

谁
的
纸
条
在
飞

103

3

和闺蜜传的纸条最多，也最暖。

"××好帅，他今天和我打招呼了。"

"别不开心，下次一定能考好！"

"昨晚，我看见英语老师和他男朋友了，可惜我没戴眼镜，没看清长什么样儿。"

"我带了好多好吃的，下课速来，不然没你的份儿。"

"你就是妒忌我比你高，死丫头！"

我们深知彼此，心疼彼此，全心全意地爱着彼此。

我们一个像夏天，一个像秋天，却能把冬天变成春天。

如果不是你，我不会相信，朋友比情人更懂得珍惜，我离不开空气，就像离不开你。

4

岁月静好。

纸条上的字迹已经慢慢淡去，甚至轻抚的时候，沾染了满指的灰。

我才发现，我们撒野的时光原来走了那么久。

我想，我开始明白，我们要珍惜的除了今天，还有未来。

柠檬心事旧时光

陌浅狸

最近在看一本书，关于暗恋。很喜欢里面的女主角，勇敢又自卑，暗恋五年，从默默无闻的路人甲变成光彩耀人的女神，这其中的努力让我感叹。

青春年少的时候谁没有个暗恋的对象呢，优秀、聪明、帅气、幽默、善良、满身光环，给他递情书的人排到了校门外。喜欢上他可能就因为某个不经意的瞬间，阳光下灿烂的笑容、鼓励你竖起的大拇指、黑板上解数学题的潇洒背影……这些细碎的温暖美好一个不小心就让你怦然心动，剪辑成整个青春年华的缩影。

那时候的暗恋，是如柠檬般青涩又微甜的。你们没有天雷地火轰轰烈烈的情节，没有感人肺腑的风花雪月，日后想起时你根本不会咬牙切齿，也不会痛彻心扉，也许别人问起时你还会笑着说：那时候我多喜欢他啊，也许同学聚会时你还会对他逗趣：哎，那时候我暗恋你很久哦！很久以后把回忆拿出来晒的时候，也许你会想，那会儿真的暗恋他吗？其实有时候真正令我们怀念的并不是回忆里的那个人，而是那份不可再来的感觉，偷偷小鹿乱撞，偷偷黯然神伤。

不过暗恋也有暗恋的好处，两个人不曾在一起，也不必承受分开的痛苦。又或者是你为了他心心念念想要变得优秀强大，想要与他在同一高度并驾齐驱。即使不是圆满的结局，但这个过程终使你成长。

呐，我也不可免俗，懵懂年少时暗恋过班长。现在想想，初中那会儿我也是个花痴少女，对他一见钟情。他笑起来真的很好看，嗯……怎么形容呢？就像拂面而过的春风，势不可挡地湮灭了我心底那块唯一柔软的角落。而我没有勇气像别的女生那样大胆告白，就让暗恋在心底细细密密生长起来。收集他的一切信息、把所有关于他的事情写在一个本子上，每次他和自己讲话时心里早已激动澎湃，但表面还是佯装淡然不动声色，做缘分小测试时把自己星座姓名和他放在一起，在一群穿校服的背影中准确无误地找到他……很多事情，我想不光是我，每个女孩子都有这样一段甜而涩的时光。有的人千辛万苦把这段小时光熬成了糖，有的人把它深藏心底加把锁锁上，而我选择交给时间轻而易举地将它遗忘。

因为我知道不是所有喜欢的人都要在一起，也不是每一次动心都要争取，有的人是注定要留在回忆里永不相遇的。

以前看过一部电影《蓝色大门》，里面的林月珍暗恋男主角张士豪，不惜一切偷拍他的照片，搜集他丢弃的垃圾，幻想有他的未来，用他的原子笔一遍遍书写他的名字，天真地以为当那支圆珠笔用完了，张士豪就会爱上她了。

看的时候不禁觉得好笑，哪那么容易让自己暗恋的人喜欢自己？可是看完之后脑海里又闪过很多模糊的画面，曾几何时我也这样用目光追随过我的"张士豪"，曾几何时我也这样独自仰望那处风景，在无眠的夜里放逐自己的念想。

我们都是这样真实地奋不顾身地追逐着。

书上写，总有一些人原本只是生命的过客，却成了回忆的常客。人总是在不知不觉中成长，暗恋永远是世上最美好的一件事。

青柠檬般的时光，一段朦胧的心事，等到青春散场的时候，转身回望，暗恋便是流年里最美的一道风景。

你所不知道的这个世界

水 而

　　和交情很深的一个朋友小Z出去逛街，遇到喜欢的东西她总会犹犹豫豫然后拉着我转身离开，她告诉我说，每次看到喜欢的东西，都会想一下自己要站多少个小时，想想就不想买了。小Z寒假在肯德基兼职，一个小时八块，工作时间多则十个小时，少则八个小时。一天下来，常常腰酸背痛，而且尤其是小腿肌肉特别酸，因为要一直站着，除去中间休息时间，一天也得站七八个小时。所以看到一样东西，就特别舍不得买。小Z的故事让我想起和已为人妻的表姐去三福买东西的情景，表姐特别喜欢萌系，头花、发卡、钥匙扣……喜欢的就放到小篮子里，大约逛完后再把小篮子放到不起眼的小角落。表姐经济早已独立，她向我解释，其实这些可买可不买的东西，只要看看过过瘾就好了，每次一想到孩子奶粉钱，就会果断放弃萌系们。

　　暑假兼职的时候和一起工作的姐姐关系很好，寒假不小心在街上重逢，高兴地拉着她的手诉说近况，不知道是不是独立赚钱的缘故，所聊的话题全都是工作。姐姐还在原来的地方工作，每月拿着一千五六的工资，做着两三千的活儿，她工作的地方是一家普通快餐店，不像肯德基、麦当劳那样规范，前台不仅要点餐收银送餐打扫卫生，还要忍受老板的冷脸。当时我去那家店兼职，那是高考过后，满怀对社会的一腔热血，无比憧憬，年少不觉累，回想起来才觉得拿着一千多的工资实在太坑爹。姐姐和我说，寒假也有人去兼职，不过都嫌太累甩手走人了，可是她不行，她还有个七岁多的小孩儿，正在上一年级，家里还有二老，老公外地打工，在没有找到下一个工作之前只能坚持下去。

　　大学的男闺蜜有一天突然告诉我，他对我们系一妹纸一见倾心，让我当红娘。我说我对这没经验，而我理想中男生追女生大概就是送送东西周末约会出去吃吃饭看看电影什么的。没想到这货马上就展开了行动，每天晚自习一下就到教室门口等着妹纸出去压操场，周末约妹纸去看最新的大片吃西餐，大概一个月后，男闺蜜给我发了一个"大哭"的表情，向我吐槽明明就快牵到妹纸的手了，可惜半路杀出个程咬金，女神的前任来找她说分手以后一直念念不忘，希望女神再给他一次机会，女神迟迟不肯答应男闺蜜也是因为对前任还有牵挂。我怂恿他继续追，"只要锄头挥得好，哪有墙角挖不到。"但男闺蜜大伤财气，已经绝望，果断放弃。

第一个故事和第二个故事想告诉你，无论谁赚的钱都是辛苦钱，特别是父母，也许他们不指望你使用钱像他们一样一分钱掰成两半用，但也绝不希望你挥霍无度。有时候不要怪父母啰唆，如果你试着和小Z一样，一直站着做汉堡炸薯条，你就会明白工资就是血汗。

第三个故事想告诉你，在未来真的会碰到很棘手的事情，但无论发生什么都要淡定，微微一笑就好，别试着去反驳，心里明白就行了。而女生要矜持，这虽是个快餐时代，但也不要一捧玫瑰花一场爱情片就能把你约出来，能用物质来衡量的感情是不是太微不足道了？就像崇光说的，你一定会遇见那个人，在此之前你要等。

老楼里的时光

芳草萋萋鹦鹉洲

吉 吉

If the dream is big enough，the facts don't count.

这是我在书上找来的一句话，让我看得一愣一愣的。对于我这个梦想很小的人来说，这就是大大的刺激。更何况，老爸今天就已经给我一老大的刺激了。他说："吉吉，两年后去考科技大的少年班吧！正好你那时候也就十六周岁，高二考最好不过了。"我毫无防备地将头撞到了玻璃上。

我忐忑不安地转过了头："爸爸，我真没有那么大的梦想。"难道在爸爸心中，我有那么厉害吗？就算我刚刚拿到四百块的奖学金，我也没觉得我能考科大少年班，我心心念念的，是那一套超贵的颜料。四百块算什么啊？人家高考成绩好得不像话，学校也才一人奖个四千块。唉，我悄悄地叹口气。

那句英文格言，唯一给我带来的改变就是我做了个决定——我得休学一年！高二下学期到高三的寒假，我得离开校园，全天候地学画画。当我说出这个决定的时候就明白会引起轩然大波，所以我的手凉凉的。当然没有一个家人会同意，就冲我爸的那句话，你也知道我的成绩有多好，在那么关键的时候离开学校，恐怕没哪个家长会同意。

我不说话，自顾自地跑去上晚自习了。从小就是这样，去做的决定，最后都能如期实施。因为我够犟。

我学画画四年多了，当然不是那种小孩子学的涂鸦，学个静物都能玩上两年。我跟着画室，跟着要参加艺考的学生们，每年都会送走一批高三学生。这是个厉害的画室，那些文化课烂到家的家伙们横着一条心来画画，竟然都能考上个本科院校。他们的目标都是省师范大学，二本对他们来说简直就是天堂。我呢？我不知道自己的明天在哪里。

我是个理科生，理化好得冒泡泡，却又在学画画。班主任搞不懂我的情况。其实也没什么情况，我喜欢画画，并且还有喜欢画画的一堆朋友。每周二、三、五、日的晚上，我就不去上晚自习，而是去画室画画。爸爸妈妈当初很失望地说了一句话：我们对你没有点子想。我听了很难过。那是刚上高一的时候。

初三的时候，我一样做了个不被人理解的决定。爸爸让我把画画这件事放掉，学了两年爱好也该爱够了。我不答应，没有办法答应，我说我以后是要考艺的。妈妈在一旁嚷嚷起来："你当初怎么答应我们的？说好不影响学习，要学也就当学着玩儿的！"我从来不嚷嚷，但是我赢了，于是画画朝愈加不可收拾的方向发展了。

我怎么办呢？喜欢画画有错吗？我喜欢梵高，喜欢阿姆斯特丹，喜欢荷兰，学的是学院派，却更喜欢梵高这样不属于学院派的画家。甚至还喜欢张悦然，因为她的《葵花在1890》，喜欢那个向日葵的故事，好美好美啊！

我在校园里遇见了阿惠，她正匆匆赶着去画室。我们热乎乎地拥抱，我赖在她怀里不出来了。我说："是不是只要梦想足够大，现实就不算数了？"她拿出了她的招牌大笑，咯咯咯咯地，说："那是，有句公益广告词不是说心有多大舞台就有多大嘛！"然后她捏捏我的脸，"我们吉吉一定是遇上麻烦了。加油啊！加油啊！"我点了点头。

其实我说的休学，并不是简单地去画室学画，而是要去外地找更好的老师"深造"。我准备去杭州，西湖边上的美术学院。那个老师就是学院里头的，在老爸的饭局上把我给认出来了。2008年的时候，我的中学老师推荐我去参加比赛，在全国性的大赛得奖中考能有十到二十分的加分。由于人事上的差错，时间没弄好，比赛成绩出来时我已经在高中读上两个月了，可是我是一等奖，那个老师记住了我。

加油啊！我对自己说。天空中飘着茜色的火烧云，还是镶金边的，我呵呵地笑了。

我有什么梦想呢？小的时候，只有大人的梦想，没有我的梦想，于是我就以为那是我的。我在作文中有了跟别的小朋友们不一样的梦想——理想，当个外交官。你做你的科学家，我当我的外交官。后来书看得多了，我又想当作家；看了某个电视剧，觉得当明星也不错；看了某本小说，又知道了"色彩咨询师"这种稀奇古怪的职业，非常符合我的性格与特长；甚至还勇敢过一把，想和我的一个小学朋友一起去当女特警。现在想想，女特警，还不如说女特务能让我吹个过瘾。小时候的梦想多大胆啊！后来的我怎么就越来越胆小了呢？不过我也非常体贴地想过一种叫作"家庭主妇"的职业。一点儿都不好笑，多幸福的梦想。

三个月后的我，果然像她说的那样，决定得以实施。

年刚过完，我就迫不及待地去了杭州，代价当然是和家人冷战。爸爸想过用断费用这种土方子，但他最终不舍得。画画这几年，花了好多钱。我明白这是肯定的，但我一样也舍不得。我理解他们，可是我不能认同。

今天我惨得要命。开春了，本是春暖花开的好季节，但就像书上说的那样，春季牙疼的概率大大增大。细菌细菌，我一天刷牙刷得想呕也没用！我顶着巨大的压力来接受成人牙膏那种火辣辣的味道。当晚画完画已经是十点多了，我想了想还是掏出英语和化学，再不看我真该忘了。女生都合住在我们的美术老师家，本来该安安静静的，却最终有女孩儿朝我发了火。大家画了一天画都累得很，画完画做完自己的事上床都该十一点了，我拖灯拖得太晚了。

"你不睡觉我们得睡觉呀，我忍了半天不好意思说你，怎么就那么不顾别人呢？不行你可以去卫生间开灯看啊！"房间里还有五个女生，谁都不说话，但谁都看我一眼。我怕把老师一家人吵醒，马上很尴尬地关了床头那盏亮得过分的灯。

我明白是自己不对，但还是委委屈屈地在棉被里淌眼泪。第二天中午我就去附近超市买了手电和香香甜甜的纳爱斯伢伢乐。拿着那支牙膏的时候没什么，回去刷着刷着我就哭了，我很想爸妈了。爸爸早就跟我和好了，但电话打得还是少，接一次我就哭了，于是更想家。

开春的季节当然是冷，我不可能跑到冷飕飕的厕所去看书。浴霸一打开当然会很暖和又明亮，但是浴霸瓦数太高，住在别人家怎么好意思这样浪费电。于是我只能躲在被窝里打手电。

每一天都是睡眠不足，我记得去年我一个学画的朋友也是这样。每天看他QQ上的心情都是些"我要睡觉""让我再睡一会儿吧"之类的，让我看了恨不得喂他点安定。

过几天又有惨事，补了两年的一颗牙齿崩了。我牙齿一直不好，后面的牙全坏了，全是补的。这一崩吃什么都会往洞里掉，我甚至吸气就能让风钻进去打个转儿，于是牙齿又要拼命痛了。终于明白离家的痛苦。这不比大学，大家压力都好大，人际关系都超差。伤心伤神的时候很多，可连可以说话的人都找不着。

也不是总是伤心事。夏天的时候，我们竟然有机会和美院的学生一起外出写生。比较一般的地方就是公园，有意境点就去画铁轨，我甚至还去画过工地。那个时候最快乐了，可是我一样想家。一堆人带个小凳支着画板，描绘同一片葱翠或者是同一个黄昏。日落画得多，我想起小王子了。我想说：虽然我永远不能像你一样一天看四十三次落日，可是我拥有了你的心。我也想念你的玫瑰、我的星球。

很少听到人喊我那个熟悉的称呼了：吉吉，吉吉。《诗经》上说了，"吉"是美丽的意思，我喜欢美丽，喜欢美丽的吉吉。

早上五点半起床。画室生活开始。大家每天轮流做model，供大家速写。一般上午是静物写生、素描或是水彩，下午偶尔有风景写生。一天可能一下都不会动，除了自己手中的笔。有时候自己的衣服也被脱下来摆在面前供自己画。老师一天只有半天的时间教我们，我们都很珍惜。

生活，觉得还过得去的时候，就叫作美好。

我也终于成了梦想很大的家伙，中央美院。

所以我不能让自己的文化课落得太多。

只要梦想足够大，现实就不算数。

就算现实算数又怎样？我是吉吉，会有很美好的现实。

我高三了，离艺考还有半年。

寒假的时候就是我的艺考。这半年来，放长一点儿的假我才能够回家。每次回家我都说很好，说在杭州很不错，才没那么苦那么累。一方面怕家人担心，毕竟我的电话真的来得很少，一方面这是我自己选择的路，再苦再累都得坚持，我还是自己放在心里头好了。况且现在真没觉得哪儿不好了。

最大的遗憾就是去杭州半年了，竟然哪儿都没有去玩过，我梦里的天堂，依旧是天堂，就算我从来没有踏进这个地方，就算这不是我真正的星球。

又有什么关系呢？

2011，我的芳草萋萋，我的鹦鹉洲。

夕颜绕过城市日光，开出了花

苏　藻

2011年5月13日

　　我推开惨白色的病房门，就看见顾夕颜靠在床头，摆弄着去年生日的时候我送给她的布娃娃。

　　"哥，你来啦。"她听到了开门关门声，便猜到是我，头也没有抬一下。

　　"嗯，今天是鸡汤，挺烫的。"我将手中的饭盒放在桌上，看见窗帘大开，夕阳像画师一样将世界染得金黄，我心里一惊，快步将窗帘拉上，病房昏暗了很多。"不是说不能晒太阳吗，怎么总是听不进去！"

　　顾夕颜瘦瘦的手死死抓着被单，像个小孩子一样嘟着嘴呢喃道："就是看一看，不会怎样的。"

我叹了口气，替她舀好一碗鸡汤。"你又不是不清楚自己的身体，医生不是强调过了吗，不能接触阳光，不然……"我将最后的话咽了下去。

顾夕颜端起碗，慢慢地喝鲜美的鸡汤，但眼神时不时向窗帘的缝隙看去，除了渴望，还是渴望。"哥，阳光是什么味道的？"

"呃……这个嘛，我也不清楚，没尝过。"

顾夕颜抿着嘴笑了下，两个梨窝在她脸上呈现出来。"苹果味？香蕉味？应该不是酒精味吧……"

顾夕颜得的是白化病，这种病是极为罕见的，六十万人中才有一个，夕颜却不幸地成为这六十万分之一。严重的白化病患者不能接触阳光，如若不然，便会有生命危险。

窗帘外的世界已经暗淡了很多，不过，太阳最后的颜色被深蓝的云遮挡着，只流露出一点点橙色来渲染这些云的边缘，像一幅水彩画。

"去下面走走吧，没太阳了。"我把削好的苹果放进她的手中，她的掌心没有一点血色，而且冰冷得可怕。

"太阳的颜色是暖黄色吧。"她突然问道。

"嗯，没错啊。怎么了？"我收拾好饭盒，"在这儿等着啊，别四处乱跑。"

再次踏入病房的时候，顾夕颜换了一件暖黄色的衬衫，俏皮的短发搭落在肩上，衬得苍白的皮肤有了些许的红润。我愣了一下，旋即笑着摇摇头，"女孩子长大了真是臭美啊，都忘了你现在十五了。"

"我把太阳的颜色穿在身上了，像不像太阳照在我身上？"顾夕颜笑得灿烂，如果她没有得这个病，那她一定是很引人注目的女孩子吧。

2012年1月9日

寒冷肃穆的冬季开始侵袭这个城市，同时也意味着有阳光的日子正在逐渐减少，顾夕颜可以回家了。我匆匆忙忙赶去医院把夕颜接回家，医生千叮咛万嘱咐，不能让她碰到阳光。

"一点都不可以吗？"顾夕颜明知故问。

"不可以。"医生正色道。

之后，她便沉默了，没有讲一句话，一个人慢慢地走。我知道她一定很伤心，天空灰白灰白的，鲜有人的街上很安静，我听到了细微的抽泣声。

"顾夕颜？"我小声地问，最后一个字的尾音轻微地上扬。

她没有回答我，依旧一个人低着头慢慢走。我确信了她在哭。

"哥，我会不会死？"顾夕颜突然发话，还带着一点哭腔。

"谁都会死的，包括我。"我顿了很久，慢慢开口。

"那既然注定要死，为什么不让我在阳光下死去？我宁愿在温暖的阳光下闭上双眼，这样，比在阴冷黑暗的地方活上很久更快乐！"顾夕颜带着泪的脸抬头看我，脸色依旧是苍白的。

"到田埂上走走吧，你好像很久没去了呢。"我吸了一口冷气，牙齿在颤抖。

"嗯。"她单薄地应了一声。

小时候，我们经常在田野里玩，当然，是没有太阳的时候。顾夕颜因为生病，所以不能在中午或者下午和小朋友一起玩，只有在傍晚的时候，她才跟在我屁股后头在田埂上走来走去。

"哥，你还记不记得葫芦花？就是那种只在傍晚开放的花。"顾夕颜在田埂两旁寻找着。

"原来你现在还喜欢这种花呐。"

"嗯，觉得我和这种花很像。"

确实是很像，一样的柔软，一样的洁白，一样的不能在阳光下绽放自己最美的容颜。

"葫芦花还有一个名字，也叫夕颜哦。也就是只能在傍晚时分开放的意思，和朝颜，也就是牵牛花相对的。"我想到了生物老师在给我们普及知识的时候说到了这个。

"那我上辈子一定是夕颜花转世了？"顾夕颜瞬间心情就好了，和小孩子一样的喜怒无常啊。

"晕死，你怎么会想到上辈子啊。"

"上辈子，我肯定命很短。"顾夕颜认真地说。

"为什么？"

"我那么喜欢阳光，却不能在阳光下绽放，肯定不甘心。所以我上辈子一定是违背规律，在阳光下和朝颜一起开放。虽然死得很快，但那时候的我一定是很快乐很快乐的。"顾夕颜笑的时候很温暖。

"想象力可真是丰富啊……好好养病，病好了就能晒太阳了。"我说这话的时候也没底，毕竟这个病不知道什么时候会夺去她的生命，或许就在明天，或许永远也不会。

夕颜，暮光中遗失的美好。

2012年2月1日

救护车呼啸而过，我呆立在雪地里，地上是顾夕颜刚刚用彩色绳子编好的手绳。我的脑袋里一片空白，发生了什么事情？顾夕颜呢？刚才还和我傻傻地笑的顾夕颜，刚才还和我一起打雪仗的顾夕颜，刚才还和我一起讨论妈妈做的饺子什么馅好吃的顾夕颜……在一瞬间就呼吸困难了？随后就晕倒在了冰冷的雪地上……

我呼吸越来越急促，越来越深沉，顾夕颜，顾夕颜，那个像夕颜一样的女孩子，那个一生都不能触碰到阳光却又如此爱阳光的女孩子，就被救护车拉走了？

我沿着小路奔跑，沿着救护车的痕迹，一路追赶，耳边全是顾夕颜的笑声……

我呆立在医院门口，下巴尖有一滴水掉下，我才意识到我满脸都是水。

一个小时，两个小时，三个小时……顾夕颜一直都没有醒过来，医生说，她的病情突然恶化，恐怕时日不多。

真是个可笑的谎言，对吧，顾夕颜。

爸爸在楼梯间抽了一根又一根的烟，妈妈坐在椅子上掩面哭泣，我在静静地等待顾夕颜醒后和以前一样叫我一声"哥"。

医生说，她即使醒来了情况也很危险，随时有可能不告而别。

"顾夕颜，你一醒来肯定什么事也没有了，我带你去最能晒到太阳的地方。"

"顾夕颜，你倒是睁开眼啊，别给我在这装，装得还挺像。"

"顾夕颜，再过两天你生日诶，不醒来的话，我就把蛋糕吃掉了，到时候别哭啊。"

"顾夕颜，我夕颜花的种子都买好了呢。"

"顾夕颜，我的好夕颜……"

"哥，如果这都是真的，那要说话算数哦。"顾夕颜的声音响起，猛然抬头，她正咧着嘴笑得温暖如阳。

"顾夕颜！"我兴奋得音都变了调。

"把脸上的眼泪擦一下啦，都十七了，还哭成这样。"顾夕颜伸出手，慢慢地抹掉我的眼泪，抹着抹着，她自己也哭了，"哥，对不起，我觉得我不能一辈子做你妹妹了。我不能陪你晒太阳……"

2012年3月23日

我把夕颜花的种子种在了顾夕颜病床的窗户边，初春的雨细密地滋润它，小小的藤勾起了细细的圈儿，轻轻缠绕在铁栏杆上，几片嫩绿色的叶片也是在温暖的天气里舒展开来。

顾夕颜没有去年精神状态那么好了。脸色愈来愈苍白，皮肤白得几乎要透明了，除了吃饭，看夕颜的长势，更多的时间，顾夕颜还是在昏昏沉沉的睡眠中。

夕颜开始有了一点点小花苞了。

"哥，今天有太阳吗？"顾夕颜从沉睡中睁开眼。

"有哦，今天的太阳很明媚呢。"我笑着说。

"嗯，真好啊。好想下去走走。别忘了给我的夕颜浇浇水。"顾夕颜带着柔软的笑又沉睡过去。

窗外大雨瓢泼。

夕颜花苞的青皮开始剥落了。

"哥，越来越舍不得你，还有爸爸妈妈。"

"你好好养病，过几天就会好的。"

"你别骗我了。"顾夕颜目不转睛地看着窗帘透出来的金黄色，"其实我不怕死，怕的只是死时的孤独。哥，你应该会一直陪我，是吗？"

"会，会陪你。"

夕颜花苞开始鼓胀了，花瓣的脉络若隐若现。

夕颜花开了。

夕阳很美，美得让人心碎。夕颜花就是在这个时候绽开了，白得柔和、清澈、无瑕，日光也是如此的倾城。

顾夕颜拼命地流泪，止也止不住。"哥，夕颜开了吧，我好像要走了呢。"

"不可以。"

"哥，我真的快不行了……拜托你把我背到太阳底下吧，我想晒晒太阳。"顾夕颜的声音变得孱弱，声线仿佛过了不久就会断掉。

外面太阳还有一点点，顾夕颜还是在不断地流泪，清澈的瞳孔在央求着我。

"就一次……一次就好……快点嘛！！来不及了。"顾夕颜像以前央求妈妈给她糖果一样央求。

我一定在哭，不然眼睛里怎么酸酸的。

顾夕颜真的不行了，连说话的力气都没有了，只有那个口型在重复着那几句话……

我转过身，泪流满面。"哗"窗帘打开，锁在外面的阳光立即洒满屋子。我闭着眼睛，泪流了很久很久。

"顾夕颜，看到这倾城日光了吗？"我哽声问，"暖不暖？"

回头看，顾夕颜正在触摸阳光的手垂了下去，眼睛闭着，嘴角是温暖的笑。

夕颜花盛开在阳光下，也凋谢在阳光下。

2012年4月13日

顾夕颜，在路上会不会孤单？

顾夕颜，再叫声"哥哥"吧。

顾夕颜，我好想你。

我和一阵风相遇了

黄渝洁

夏天的早晨，我起得很早，独自去广场跑步，风就在我身边，"呼呼"地吹来吹去。"嗨，小姐。"他说，"你真美。"

于是，故事就这样莫名其妙地开始了。

1

我曾一度认为世界上所有的风都是很温柔很绅士的。因为有一次我看见一阵草绿色的风，把一块骨头送到了一只正在觅食看样子饿了一两天的流浪狗跟前。

当我肯定地把这个结论告诉我的风时，他呼呼地笑了，虽然他一直觉得，他每次笑都好像是一台达到最低温度的空调，特起劲儿地对我降温。

"小姐，你不要忘了，有些风是很喜欢吹开某些女士的裙子的。"我的风笑够了，很认真地跟我举例反证。

好吧，不过我的风还是很有礼貌。这从他的"小姐""先生"之类的称呼就可以看出来。据他自己说，谁让他是一个，哦不，是一阵，从民国活到了现在的风呢。

2

和我的风打羽毛球是一件很有意思的事情。

比如说我从来不需要捡球，具有绅士风度的风会飞快地冲过来把它重新吹到天上。再比如说如果和你搭档的风是很有运动细胞的，那么只要我愿意，我可以一直打羽毛球打到老。反正风是永远不会感觉到累，就像我们荡秋千似的轻轻一晃，就可以飞很远。

不过正因为我是个平凡的人类，所以我总是打着打着就累了，总得找个地方休息一会儿。这时候我的风就自娱自乐地飞来飞去，从我衣服的间隙里钻进钻出，帮我蒸发掉运动的汗水。

我用咏叹调的调子跟我的风说，不如我们开个风洗店吧，这肯定比那什么干洗店有更多的人光顾的。

3

在学校的借阅室，我遇见一个纸人。

这件事的发生有个小小的前提，就是我的风从来不待在封闭的室内。不然那个可怜的纸人估计一下子就被我的风吹走了。曾经有一次（也是唯一一次），我的风主动要求跟我一起写作业，我就关了门窗，让我的风坐在一边，我铺开作业一头扎进题海。

结果我的风差点没憋死在房间里，后来他总愤愤地抱怨："人类真奇怪，空气不流动都可以生存，小姐你的身体难道不感觉僵硬吗？"我想大概是因为风都得了多动症，还是先天的。

总之，当我翻开《彼得·潘》的时候，纸人安安静静地从永无岛那一页滑了下去。是一个女孩儿的剪影。我还记得"画龙点睛"这个成语故事，一时兴起抓起笔在疑似脸部的地方点了两个黑点，勾了一条开口向上的抛物线。

纸人就开口说话了，可能是长久夹在书里被压扁了的缘故，声音尖尖利利的。她气喘吁吁地说："哦……哦，快带我走，我再也不想做书签了，我可受够了彼得·潘。"可是我仍需要把她夹在书中带走，最后应她强烈要求（"我以前差点死在伏地魔手里，就因为有个傻瓜把我夹在了波特与他决斗的那一页！"），放她在一本结局美好的童话里。

刚走出阅览室，我的风就兴冲冲地迎了上来。他大概刚从体育场溜达完一圈，浑身都是青春与活力的味道。他张开大嘴"呼啦啦"地吹开了书，我还没来得及阻止，纸人就飞了出来，大叫大嚷着："嗬，你怎么不说你和风交了朋友，那么我宁愿一辈子待在《名侦探柯南》里，就算……"

可惜她决心还没表完就无影无踪了。我惋惜着当初应该给她画一张厚嘴唇的。

4

对于季节的更迭我总是后知后觉。不过这一次倒例外，当我感觉鼻子像被一团纸堵住了，而我也整天跟破风箱一样"咳咳咳"的时候，我就知道，冬天已经来了。

风们貌似都根本没有季节观念，我的风作为年轻风的一员，这一点表现得尤为突出。他还是像以前一样，开开心心地在缩在棉衣里的我的周围转来转去。本来我只是感觉到冬天像打到最大功率的冰箱，这下一来就像我被剥光衣服扔到了北极。风的无孔不入简直令人发指。

妈妈终于在我的感冒不但没痊愈，反而日益加重的情况下决定带我去看医生。那个眯眯眼的医生婆婆对我上下其手了半天，颤颤巍巍地得出了结论："小姑娘是不是爱美不肯多穿衣服啊，风吹太多了才一直拖着没好。"

　　诊所的门又被推开了，我想我的风应该没有进来，因为周围安静，丝毫没有起风的迹象。我咬着牙接受了她开的药，决定忍过这个冬天，明年春天我还打算和我的风放风筝，他说要让我的风筝飞得最高，睥睨群雄。

　　不过很快我就知道了我的风其实还是听见了那番话，他第一次自愿而且老老实实地被关在我的房间里，没有把风铃吹得"叮当当"响。他说："我还是打算走了，你的感冒这样拖着也不是办法。"

　　我刚抽完房间里最后一张纸，捂着红红的鼻子不知道说什么好。

　　"我想去南半球找一个新爱人。那儿正是夏天。"我的风，不，现在他是自由的风了，他从纱窗里跑出去，看着我，慢慢地说。

　　这阵获得自由的风，他没有环绕我做告别，而是把我窗前的光秃秃的大树摇得直晃。然后很长一段路上的大树都由近到远地摇晃起来，让我明白他是从这一条路上走掉了。

　　"嗯，祝你好运。"我最后说，也不知道他听见了没有。我关上窗转身去喝那碗黑乎乎的药。

　　于是故事又这样莫名其妙却又仿佛理所当然地结束了。

四小女子的光辉岁月

瑾　瑜

朋友就是拿来出卖的

　　老师在课堂上说还有二百天高考，再不血拼就完了。她破天荒地没有开"批斗大会"，难为了这个年过五旬的老太太，豁出老命陪我们复习。我用笔戳了下旁边呈狗趴状的太后，太后不知在做什么美男梦，立刻就起来大嚷："谁呀——"

　　全班都静了。雄壮的太后身高一米七十八，那气势可不是盖的！可让我郁闷的是她见到海拔一米五〇的老师，讪笑了几声，瞬间从河东狮吼变成比刘王氏还温顺的小猫咪，就差点没跪在她面前"喵"一声，以示忠心了！

　　我淑女般的捂住脸偷笑，未料被眼、耳、鼻出了名好使的太后抓个正着。等老师黑着脸出去，她就像拎小鸡一样把娇小的我拎了起来。我趁她还没废了我，连忙狗腿道："太后饶了奴婢吧！"果冻用自己圆滚滚的身体，挡住化身大灰狼的太后，"欺负豆豆算什么？人家……不就是……和你闹着玩嘛！"太后还未语，刘王氏幽怨的声音飘了过来，用绿豆般的小眼睛死死瞪着我："谁让你告诉刘盲，说我家住哪了？"哭！

我们是朋友，说出去没人信

是的，刘盲追了王小梦四年，小到一袋瓜子，大到十块钱，这些年，我唐豆、太后、果冻都收了刘盲不少好处，可小梦就是不答应。我就说了一个家庭住址，小梦就要我绝交……于是我开始发挥强项，转移话题："哎呀？这么怕刘盲去你家啊，是不是有什么不可告人的秘密呀？"

意料之中，果冻和太后兴奋了，不停逼问。刘王氏最怕太后，因为她嗓门嘹亮，一喊"刘盲，你家梦儿找你呢"，我相信刘王氏会立刻上吊求死。

忘了介绍。太后威猛，但偶尔会犯花痴；果冻是学霸，虽说身材不好，但她和我们一样爱闹；唐豆，就是本尊，自恋脱浅无节操，八卦起来没有任何职业操守。你想啊，每天不停学习非把我们学傻不可，没有点儿八卦精神，怎么面对学习的压力？

如果你的心还会痛，借你肩膀靠一靠

我们的友谊，是复杂的，每个人心里都有不可说的秘密，大家都知道，却不捅破。有些话，说出来是个疤，不说出来堵得慌，唯一的方法就是成为朋友。当然，随着时间的推移（其实也就一个月），我们南辕北辙的性格并没有使我们生分，反而让我们成为坚不可摧的损友。无论你怎么说三道四，对方都能淡定地回过去，其内容惨不忍睹，但面上不动声色。我们修炼到一定境界，就不再脱俗了。

先说刘王氏，她明明才十八岁，但现实却把她逼成了八十岁。她不愿过多提及家庭，我也只听果冻说她家重男轻女，父母每个月给一点生活费，她不哭不闹，把生活安排得井井有条，不像我和太后，为了买美男的海报不惜跟爹妈说要买复习题……她只说了一句话："你自己不为你自己坚强，别人谁为你坚强？"她声音很低，听到这句话的我和太后神同步地虎躯一震。

刘王氏真的很独立，每次我们四人碰面，她都跟欧巴桑似的，好像什么常识都知道一样。当然，刘盲的恋爱攻势却让一个妈妈级的人物深感伤不起，按她的话来说，我一个人足够了。

当然还有我、果冻和太后。

其实你是个好女孩儿，只是没遇到对的人

接下来在我的故事里出场的是太后。

她单纯，你说什么就信什么；她善良，你随便卖个萌就可以向她借钱；她雄壮，打桶直饮水脸不红，气不喘，轻轻松松上三楼；她孩子气，被喜欢的人拒绝，在马路上蹲着号啕大哭（旁白：那么多人看着，我们仨都不好意思去扶了！注意！她是号啕大哭！和我同桌一年，还是学不会淑女！一米七十八的女汉子文艺在马路上，情景如何惊天地泣鬼神，请大家自行脑补）；她凶狠，人家不过开了个玩笑说她绿巨人，差点没被她弄死；她伤感，在早自习我补作业奋笔疾书时，她突然感叹，是不是地球没有我还会转？我抽空对她回眸一笑，在心底大骂，你又忘记吃药了吧！

其实我知道，她心里的疙瘩，是毛毛虫。毛毛虫让情窦初开的太后暗恋了四年，毛毛虫死活不从。因为……爱上了太后就等于你爱上了一个男人……所以，你懂的。

有时，太后中二病又发作了，说羡慕我。她羡慕我，有一个贴心的竹马和腹黑的阴晴哥哥，最重要的是，我追求者一大堆……（刘王氏：你就吹吧！果冻：说谎话不用打草稿？我：允许鄙人小小自恋一下。）

这就是死党，尽管你什么都不说，但我们都懂

果冻和唐豆，我们俩是最有爱的，一个学霸，一个学渣。某天我们看见一个笑话，说世界上最远的距离不是我站在你面前你却不知道我爱你，而是老师讲到第八章，学霸看到第十章，而我在看序……我无比惆怅，望向蓝天。

果冻笑得直不起腰来，我嘟起嘴，唐豆傲娇起来可不是好哄的！可在心里，我很欣慰，我希望果冻能多笑笑，她的父母在她五岁的时候就离婚了。我不知道那是怎么一种心酸，但我每次去她妈家，忽略新叔叔，发现果冻她妈其实挺在乎她的，只是不擅长表达罢了。果冻也许多少遗传了些闷骚，刀子嘴，豆腐心。

我好吃懒做，刘王氏感叹多事之秋，果冻尖叫"我怎么又胖了四斤！"太后翘起兰花指，瓮声瓮气地问我们她是不是又多了一根白头发……

日子一天天过去，我们四只高矮胖瘦的死党渐渐安分起来。

没有了你们，我该怎么办

两个月才盼来一个星期天，四朵奇葩在我家合体。我妈出差，我跟我爸说必须要放松一天，他说不能太嚣张，

就默默地消失了。

他们不在，太后挺尸般倒在沙发上，我狗腿地给她捶着腿；果冻用眼神鄙视我的奴性，自来熟地走到冰箱里拿出四罐可乐；刘王氏见前一秒还整洁如新的家，后一秒变成了鸡飞狗跳，恨铁不成钢地又开始了碎碎念："你们……这么疯狂，以后谁敢娶？"

太后大吼："啊——"长达十秒后，沉默，沉默，还是沉默。好学生果冻笑了，打破尴尬："没人要就没人要！今朝有酒今朝醉，祝我们四个梦男成真，长生不老！干杯！"我们都笑了，仰着脖子一饮而尽。

果冻接而又道："顺其自然吧，反正咱们姐妹有的是青春，该挥霍还得挥霍！等着吧，高考后又是一条好汉！"

刘王氏苦笑："哈……总会有那么一天！天南地北，各自有各命，你——"她还没说完，我为了不让气氛被眼前这个像更年期的女生破坏，翻了下白眼，道："谁说的？你一嫁刘府深似海，还能跑到美国去？"

太后压在我身上，半晌闷闷地说："没有了你们，哀家怎么办？"

我们一个个怪笑起来，分不清是谁豆大的滚珠，悄无声息地落在地上……

我们曾经无数次幻想过，等暗恋的美男终于成为自己的小菜，等到孩子都会去打酱油了，等到太后不卖萌果冻

变美女，小梦答应刘盲，唐豆成学霸那一天，我们四个边
打麻将边感叹：吃喝玩乐真是人生之真谛啊！

　　嗯，至少，我现在很幸福。

极品男生的奇葩事件

橘子汽水

作为理科班后四排里唯一的女生，我见识到了后排男生的各种极品与奇葩事件。我在如此恶劣的环境里生活了这么久，真的前程堪忧哇……

1 笑点低至负无穷的奇葩方展超

方展超，一个虎背熊腰的犯二男青年，他身上最令人发指的特点就是，笑点很低，特别低。

一天课间，舒安远对着他的好基友卓志辰说，你会唱小熏熏吗（没错，他学着黑米哥哥奶声奶气地说小熏熏）？众人无语地望向这两个奇葩。卓志辰搭腔，不会啊。舒安远勾住卓志辰的手，那我教你好了。我们听完了"极品男子二重唱"之后，卓志辰娇羞地来了一句，你有跑调哦。所有人掩面狂笑。

时间过去了很久，方展超经久不息的笑声引起了大家的二次关注。舒安远悠悠地开口，方展超，你是不是吃了炫迈口香糖？大家一愣，卓志辰接话茬道，根本停不下来。然后方展超在一片哄笑声中跑了出去，舒安远一副思想者的姿势沉着嗓音道，让我一个人静一静。大家听着舒安远演绎方展超的内心独白，又不由自主地笑了。

方展超那极低的笑点总让他成为被老师点名回答问题的常客。

2 奇葩中的极品：卓志辰

卓志辰的出场得追溯到一个英语单词：bar。

某节英语课，卓志辰看着黑板上的单词转身问舒安远，那个单词怎么读？舒安远面对一个英语成绩从来未曾及格的前桌，脱口而出，bar。这时，所有人觉得并无不妥地抄着笔记，然而卓志辰伸出他的爪子摸摸舒安远的头，无比慈祥地笑着说，乖孩子。后排众人在英语老师的眼皮底下努力地压低笑声，可还是一个人出了岔子，没错，就是方展超。他笑得特别激动，那一排的桌子随着他抖动的庞大身躯产生了共振，然后他第n次被叫起来回答问题。

活宝舒安远当着英语老师的面对方展超说，How old are you?英语老师愕然，他得意地开口，意思就是，怎么老是你?

这下子前排的同学也跟着一起笑了,英语老师抚着额头一副恨铁不成钢的表情说,你们两个把黑板上的单词抄二十遍,明天交给我。

又有一天,舒安远不知哪里抽筋下载了俄罗斯方块的游戏,被激动亢奋的卓志辰一手抢去玩。一分钟过后,当围观的群众实在看不下去时,舒安远在一旁淡淡地说,我的个娘咧,你以为这游戏比谁叠得高就赢吗?一旁看热闹的方展超都快笑抽了。

3 奇葩中的战斗机:舒安远

一天傍晚放学后班长把我们留下,说是等班主任来有事要通知。舒安远极不情愿地停下脚步,他叫了一声班长。班长回头问,干吗?他说,班长,我得赶回家买菜做饭带孩子呢。众人石化,他又说,班长,我得快点走,去晚了"三鹿"都要卖完了。接着一个人自娱自乐:三鹿牌奶粉,喝了之后,腰不酸了,腿不痛了,吃饭也不担心打嗝了。班长不耐烦地说,给我滚开。舒安远以迅雷不及掩耳之势抽出一张纸巾,边擦泪边带着一副怨妇的表情说,臭男人,我没想到你这么狠心,当年你说跟着你有饭吃,现在你又不要我,好,滚就滚。他背着书包在班长发愣时屁颠儿屁颠儿地跑了出去,然后在窗口龇着牙不知笑得多开心，还得意地对着我们摆出一个剪刀手。班长急了，你给我回来。舒安远娇羞状，人家不要嘛。在众人干呕时，他就跑远了，留下班长在风中凌乱。

这类舒安远一个人自导自演的戏码，我们都习惯了，有时无聊，就会吼：舒安远，演场戏给大爷瞧瞧。不一会儿就是一群人围坐在一起看舒安远发神经，此起彼伏的笑声，引得前排同学侧目。

月考试卷发下来时，卓志辰把惨不忍睹的英语试卷和答题卡揉成团正准备塞桌肚里，舒安远说，等一下。手伸过去把卓志辰手里的两个纸团拿了过来，一上一下地拿在手里，像一个葫芦一样。然后出乎意料地对着我说，孙行者，我叫你一声你敢答应吗？在我哭笑不得时，后排男生们又笑翻了。

4 后排男生公认的奇葩：许小瑶

好吧，我就是许小瑶，每当后排男生叫我奇葩时，我都会反抗道，我是被同化了好吗。

某天后排男生们与隔壁班的男生约好打篮球友谊赛，我被强制拉去充当啦啦队。可是天有不测风云，在我方篮球主力被对方使诈绊倒受伤时，比赛输掉了。回教室经过隔壁班门口时，听见有个男生冷嘲热讽地说我们班技术烂，我直接冲了进去对着那个男生的肚子就是一拳：你有本事犯规，怎么没本事承认？

　　后来，那个男的一见我就躲，因此班里人都叫我女汉子。你想想，没有这一点儿女汉子的本性，我哪能跟后排男生像好哥们儿一样相处？

往 事 六 年

叶韵婷

2007年的我升上小学三年级，甩掉了跟随多年的铅笔。每天装模作样地拿着钢笔在模仿高年级学长学姐的笔迹。我还万分自豪地把自认为很好看的一张硬笔书法贴到了墙上，逢人便说那是我写的。听者总是包容地笑笑，说，是吗是吗，真的很了不起啊。然而现在再看那些已经变薄变脆的纸张，却恨不得戳瞎自己的眼睛。小题大做似乎是每个人都会经历的事情，想起当年哭得昏天暗地只为了一块丢失的橡皮，就发誓自己再也不会那么傻了。于是，自认为变聪明的我丢失了最纯真美好的一部分。

2008年发生了很多大事情，比如四川汶川大地震，比如我第一次考了个年级第一。那段时间一打开电视，新闻都在播报汶川的大地震，以及哪国哪国的支援队来汶川帮助重建。可我就在那段时间里笑得合不拢嘴，听我妈说我睡觉都会突然笑出声来。现在想来觉得很不人道，不就是个年级第一嘛，谁还没考过？可是汶川大地震是多大的灾难啊！然后，那段奔波而又美好的日子也就悄悄被封存了。

2009年，我开始奔波各处的补习班，只因为我妈无意中听说了A中是个重点中学。所以我就开始正式踏上奔向"学霸"的道路。当然会在百忙之中不务正业，我每天准时蹲守在电脑面前，只为了和某个男生聊会儿天。记得当时聊的无非就是些学校的八卦。他会给我推荐不同的歌手，于是从那时起，我开始一遍一遍地听着他推荐的歌，直到自己能够熟练地唱出来。记得儿童节的时候要求表演节目，我被朋友拉上舞台，红着脸梗着脖子唱了首《挥着翅膀的女孩》。场景我记不大清楚了，只是有一幕现在想起来依旧很温暖。在唱完谢幕的时候，无意中目光投向他，他开心地笑着并不住地朝我挥着手。于是就为了这个笑脸，我愣是沉醉了两年。

2010年，我成功实现了三年前的梦想：成为高年级的学姐去欺负低年级的学弟学妹。在我们班轮值的时候，我都会一遍遍巡视学校，怒喝那些在走廊上奔跑、不把衣服扎进裤子里、披头散发衣冠不整，以及看起来一脸欠打的人……当然也并不是所有人都听话的，我曾经和五个人发生过矛盾，而且差点把学校翻了过来。其实只是因为他们都不喜欢把衣服扎进裤子里，而我又太多管闲事儿。想来当时真是年轻气盛，现在我学会专心地堵着耳朵不闻窗外事，低头自顾自地微笑了。

2011年的一天，我很骄傲地走在马路上，对着陌生的人们露出一种"奸淫掳掠"都包含在内的笑容。就在我怀疑我会被陌生人掐死的那天，我拿到了A中红彤彤的录取通知书，然后自己也笑得满脸红彤彤。于是，我终于能理直气壮地瘫倒在沙发上对着老妈老爸指手画脚。你你你给我拿水果，你你你给我挠挠背，你你你把电视开开、把声音调大一点儿啊……然后，我穿着巨长的蓝白校服，踏上了一头栽在学霸堆里的不归路。

2012年，我坚信着"初二真痛苦，上有老下有小"，对初三的学长学姐绕道而走，对初一的花痴学妹学弟鄙视有加。抱着初一初二不玩就晚了的态度，硬是挥霍了青春，却也留下了种种不能遗忘的回忆。就在这个即将被拆迁的校区，承载了太多太多飞逝而过的时光。凤凰树下还在嬉戏的各位，现在似乎已经被封入了老照片，沉醉在灰黑色的塑胶硬片里。手指触碰着那遥远的记忆，鼻子一酸。被塑胶锁住的，是严肃但可爱的班主任和互相打闹的我们。我看着我们班因为不爱照相而只有的唯一一张合照，却发现自己依旧在向前看，于是流不下泪来。

2013年，正当我还沉浸在各种日漫美剧，迷醉在小说世界的时候，中考已经悄然而至。按某位作家的说法：中考笑出满口小白牙，哗啦啦地甩动着小舌头从那边走过来，他的苏格兰裙裙摆宽大，在风中有气场地飘着，他仁慈地挥挥匕首，不留下一个活口。就在这年，我清晰地明确了自己的想法。从小时候天真地思考"到底是清华还是北大好"，最终因为清华这个名字好听决定了清华，到现在恨透了应试教育却被迫沦陷其中。依旧忙里偷闲让我感觉自己会死在中考的手上，但是当我坐在教室里，耳朵充满了各种各样的声音。他们仿佛在说："I am ready to rush."

改变的不仅仅是自己，也是世界。现在自己应该已经成为儿时最讨厌的模样，但是我们却依旧手扣着手，厚脸皮地笑着、走着。不知以后的我回首再望，是否又是一个不同于往日的世界？所以，我会一直不停地写下去，因为书写下美好未来的不仅仅是我，也有我那永远无法忘却的小伙伴们。

他们会踮着脚说："嗨，你又长高了呢！"

云上的孩子

莫小扬

已经记不太清初二的时候是怎么和C熟识的，只想起一整个初一我们都交流甚少。

对于我把文字当成梦想这件事，有些人会说一声"加油"，也有人认为这就是在做梦，而C是所有人里最特殊的那一个，有时我甚至觉得她对我梦想的重视超过了我自己。

走在路上的时候，她会很用力地搂住我，然后凑在我耳边说："莫小扬以后肯定会是一个很厉害的作家，到时候你办签售会，我就陪在你的身边。"话语里带着一种笃定，三言两语却为我勾勒出一个无比明亮的未来。

即使那时候我连一篇文章都没有发表过，写的东西连校刊也登不上，可她没有一丝犹豫地相信着我，潜移默化地给我莫大的动力。

C的声音不算很动听，可是很有穿透力，像是缓缓拉动的小提琴，婉转悠扬，钻到人的心底。她喜欢唱歌，梦想当一个歌手，又或者恰恰是因为她的梦想，所以她的声音更动人了。

她经常唱歌给我听，在我难过的时候。刚和W分开的那会儿，我哭得昏天黑地，她陪我靠在宿舍外面的墙上，走廊里的灯昏昏沉沉，有点寒酸，只有她在一旁，唱着"分手快乐，祝你快乐，你可以找到更好的"，带给我光。

后来我死性不改地对W念念不忘，他喜欢的歌我亦听得疯狂。告诉C丁浩然的《瞳》有多好听，回校之后她就在我耳边唱着："黑暗之中，我看见你的瞳，孩子般纯真的脸，无邪的笑容。"她在我身边，笑得同歌里唱的一样。

去KTV的时候，她陪我唱《外滩十八号》，前奏响起的瞬间她就知道这首歌是我的，然后拿起麦，冲我会心一笑。她了解我，知道这是W第一次为我唱的歌。她不会说太多，只会陪着我，可这已经足够了。

她会在母校葱郁的香樟树下陪我谈天说地；会在KFC里看我玩闹般地要一杯可乐，只为吃冰；会拍着我的肩为我打气；会一下子送我四份礼物，说那是圣诞节、新年、我生日和情人节加起来的礼物……

回忆的时候才明白，她对我有多好。

我一直想不明白自己是怎么和她走远的，明明毕业前还是好好的。在得知中考成绩后，是她在安慰我，在我和爸妈闹别扭的时候，也是她在开导我。

可像是台风过境，一觉醒来，天地都变了。

发现自己被她删掉的那一瞬间，我觉得莫名其妙，憋着气想：删了就删了，真搞笑。

然后好几个月过去，当我拿到第一本有我稿子的杂志时，还是不由自主地想起过往的时光，想起她说的"莫小扬你一定行的"。犹豫再犹豫，我终于翻出通讯录里那个一直没能删掉的号码，简单地寒暄过后，我问："你那时候为什么要删我。"

而她的回答，即使我现在回想起来，也不能大度地说一句，那没什么。她说："想删就删了。"

那一句"陈小雨我过稿了"，终究是没能说出来。

现在，我的确很好。有了新的朋友，还在写稿，很幸运地过稿，开心地度过每一天。一个多月前，我也看到一条被以前同学疯转的说说——她的架子鼓考级过了。

我们都没在彼此身边了，可我们都还怀揣着当年的梦走在前进的路上。

我好像也不是特别难过，只是回忆的时候，仍会失落。

老楼里的时光

流萤回雪

1 离群

快要升高三的时候，赵晓曼从十个人一屋的学校宿舍搬了出去，来到了一座灰秃秃的老楼。

老楼的外面是五十年前建校时种的梧桐树，宽宽大大的叶子遮住了天，在风里会像是一个个扇动的绿色翅膀。老楼的里面，墙上全是黑压压的修管道或者开锁公司的电话，许多电线纠缠在一起。

每天晚上，都好像有无数的猫咪在楼下叫着，吵得极烦。偶尔还能听到"咕咚"一声，紧接着，猫儿的声音就小了很多。那是别的住户，正在往楼下摔东西吓猫。

下雨的时候，老楼似乎摇摇欲坠。赵晓曼能听到梧桐树的叶子窸窸窣窣，有些人家的窗子，噼里啪啦地被风摔得关了起来。

一天一天地过去了。在这里住，的确和在学校住不一样。

冗长的夏天即将开始。

2 纸条

房东是在学校门口卖鸡蛋灌饼的老太太，她和老伴、两个女儿住一个屋子，赵晓曼和一个初三女生住另一个屋子。

赵晓曼天天起大早就去学校跑步念书，一整个白天都在学校。下了晚自习，到了九点钟再回家。初三女生在这个时候正在房东那个屋一边吃夜宵，一边看电视。

"哎，快乐大本营开始了，来看看嘛！"

"我不看哎，我要看书。"赵晓曼拒绝道。

"别成天学啊学，脑袋要学木了。"他们说。

"我没事，习惯这样了。"赵晓曼依旧拒绝着。

房东他们一家和初三女生一起皱了皱眉头。

在赵晓曼读书的时候，耳边还时不时传来他们的笑声。

等到初三女生都回来睡觉了，嘟哝了一句："咱这屋子这样热，你居然能够学得下去。"

屋子的确透不过气来，两台电扇都不甚管用。漆黑的夜色里传来滚滚雷声，偶尔一阵风吹到蒸笼一样的屋子里来，赵晓曼依然汗流浃背。

她在墙上贴下这样一张纸条："如果你不想在那天哭，就一定要在今天努力。"

3 怕黑

初三女生毕业了。她拿着床上的一大堆娃娃走了，她是班里的"万人迷"，娃娃都是同学送的。

房东很感伤，不仅因为初三女生和她关系好，还因为她每个月都交三百块钱的"夜宵费"。她走到赵晓曼的屋子里，问："你晚上放学那么晚，要不要和我们家一起吃夜宵啊？"赵晓曼说："夜宵都吃什么啊？"房东说："你放心啊，不会亏待你，我们家吃什么，你就吃什么。"赵晓曼想着：你家吃的又不是大鱼大肉，全是家常菜，那么贵，我还不如自己买点吃的。

房东遗憾地走了，赵晓曼开始了一个人的住宿时光。

她在日记里写道，每天离开这里，天都没有亮透；每天回到这里，都是黑夜。这个屋子，只出现在太阳在地平线后面的时光里。

其实，赵晓曼是个怕黑的女生。老楼的结构是老式的，半夜上卫生间要走到屋外，甚至穿过一片洒着星光的走廊。初三女生走了之后，她总是憋得受不了了才敢去上厕所。

她跟死党说了这件事，死党教她一个绝招：背诵《般若波罗蜜多心经》。

从此以后，心经被背诵得滚瓜烂熟，甚至超过了所有的语文背诵篇目。在晚上做噩梦见到鬼时，第一句话就是："观自在菩萨。"

很多年后，当赵晓曼工作了，和同事走路，碰见了一个骗钱的假和尚。赵晓曼说："你把心经背一遍啊，能背出来我就给你钱。什么，你背不出来？哪有和尚不会背心经的！我给你起头，你往下给我背！"

骗钱的和尚灰溜溜地走了。同行的同事哈哈大笑，问自称为唯物主义的赵晓曼为什么会背心经。她说："哦，那可是八年前的事情了，我在一个老楼里住……"

4 月亮

全体初中生和高中生都站在操场上，校长正在上面发表结业讲话，她早就被所有同学冠名为"老魔头"。在严肃的讲话最后，她突然换了一副顽皮的表情，来了一句："下面，让我们大家一起喊一声'放假啦'"。

初中的学生都乌拉拉地喊起来了，但是高中这边就安静多了。赵晓曼知道，自己的高三开始了。

高三的暑期，就是补课。赵晓曼把每夜的读书时间从十二点延长到了一点。

每天一点左右，整个人似乎累到了极限。坐在椅子上的时候还感觉不到，但是站起来的时候，居然会摇摇晃晃。

有那么一天，一点，她抬起头来，看到天上的月亮，居然是两个！

揉了揉眼睛，依然是两个。

张大了惊讶的嘴巴，摇摇晃晃地走到窗边，碰了一下窗子，才发现其中一个月亮是窗玻璃带来的反射。

她自嘲地笑：我真是学疯了哦，居然会相信天上会出现两个月亮……

然而她还是感谢老楼，认为这是它给她的魔幻时光。

5 意见

有一天晚上，回到家里。发现房东正在扫地。床底下原本有一本《现代汉语词典》，但是封皮掉了，扔到一边，原本是想等哪天买了胶水再粘起来的。可是，房东把这封皮也扫走了。

赵晓曼正要说话，结果房东说："把你的废纸都收走，我还能卖钱。"

赵晓曼想起来是自己让她少了一笔夜宵费，就没有吭声。

再有一天晚上，屋子很热，但没有到开电扇的地步，可是居然找不到扇子了。赵晓曼从来不会把东西乱放，绝对不会丢东西。所以她断定，扇子肯定是让房东的家人拿走了。可是也不好意思去问，太突兀了。

过了好几天后，房东的老伴进了赵晓曼的屋子，把扇子给她，说："前两天太热，我拿扇子扇了扇。"赵晓曼想起他成天咳嗽，卫生间里还放了一个治疗肺癌的空药瓶，也就没有再说话。

又过了一个月，晚上回来的时候，房东家的人居然在搬东西！他们没有和赵晓曼商量，就决定搬家了。新家也在这栋楼，多一间屋子。但是，他们留给赵晓曼的屋子，挨着马路。

赵晓曼没有反对。再吵闹的马路，也没有十个人一屋的宿舍吵。不与人争，是她的本领。

但是心里仍然积攒了很多意见，都发泄在老楼身上了。洗漱的时候，再也不管会不会吵到别人，把水龙头开得哗哗响，老楼的血管似乎都在"轰隆轰隆"动着，很痛。开灯的时候，拉绳子也不像以前那样小心了，完全是使劲儿往下一拽。

有的时候，甚至会想，天花板的里面会不会早就有条裂缝，再多使劲儿拉一下灯绳，老楼就会倒塌了？

6 水壶

那场暗恋是最秘密的心事。

男生叫作吕何，是班长，个子高高的，和别人讲话时很认真很认真，一字一句，看着别人的眼睛。

有一天下了晚自习，赵晓曼拎着从学校接完开水的水壶回家，看到路旁的520奶茶店，突然好想喝一杯奶茶。她走了过去，要了一杯苹果味的，扭头时，就看到白茫茫的灯光下的吕何。他好干净啊。

他眼睛眯着，笑着说："要不要我请你？"

赵晓曼一手拿着奶茶，一手拿着水壶回家，走到了家门口，又想起吕何的笑容。出神的时候，手一松，"啪"，水壶碎了。

只有老楼看见了少女的秘密。

她对着老楼说："虽然我很讨厌你，但是这次，你不把秘密告诉别人，我就原谅你！"

到了晚上，无论是洗手还是开灯，都对老楼温柔了许多。

7 学霸

再开学的时候，住进来一个像赵晓曼一样是学霸的女孩儿，上初一，年级第一。学霸女孩儿长得斯文极了，一句话都不说，整天和赵晓曼同时起床，同时睡觉，刻苦得不行。

有时候赵晓曼什么也不想学，什么也不想做，就呆呆望着老楼的天外："我以后还会来这里吗……我以后会想起这里吗……我这样用功地念书，会留下些什么呢……青春是什么呢……"

房东居然又把屋子改成上下铺，招来两个同样上初中的女生。那两个女生成天叽叽喳喳，有天晚上，甚至叫来第三个女生，拿着一个卷发棒玩。

"别吵啦！"赵晓曼和学霸女孩儿异口同声地说道。停了一下，"真的很烦呀！"两个人又异口同声地说道。四目相对，笑起来。

有那么一天，学霸女孩儿踢着树叶，跟赵晓曼说："房东太讨厌啦。"

她继续说："不过啊，你高考完就走了，我中考完也就走了。不要太在意啊。还有，我蛮喜欢这个老楼的。我觉得，它可温暖可亲切了，有种慈祥婆婆一样的感觉啊。"

她说中了赵晓曼的心情。

有一天，学霸居然开始往脸上抹爽肤水和乳液了。曾经，她每天起床，都要伸一只手，在桌子上摸索，摸到一本单词书，才边看边起床。现在，她每天起床，都要伸一

成长是乘风破浪的勇气

只手来摸镜子，照上个五分钟再穿衣服。

赵晓曼蹑手蹑脚走到学霸那里，她看见桌子上摊开了一本几米的书，敞开的那页写着："我多想静静等待，直到青涩的果子转为艳红。"

8 再见

毕业的那天，先是找到学校门口的书报摊，跟老板娘说一声："下次你进《小说月报》时，可以少进一期了，我要走了。"

然后是找到"美味无敌烧饼"那里，买两个烧饼，说："我要念大学了，再也吃不到你的烧饼了，很可惜。"

再买一杯苹果味的奶茶。吕何和吕微在一起了，他们考去了同一所大学。但是，苹果味的奶茶依然那么好喝。

学校的边边角角、花圃操场都走过了，最后才回到老楼收拾东西。一边收拾，一边掉眼泪。高中，就这样结束了。

再次想起老楼，是网上的一条热门微博。有一个女孩儿，喜欢在树洞里画画，小浣熊啊、兔子啊、太阳啊，都画在了九中街上。

老楼就在那条街上。它会觉得这些树洞画美丽吗？它会想起那些用功念书、静静等待的女孩儿吗？

一 夕 忽 老

贪 生

放假在家待了两天，我终于还是问了母亲。

"妈，我今年还能去看奶奶吗？"我故意装作语气轻松，好似真的只是无意。"你爸老家的规矩，女孩儿只能上前三年的坟，你以后都不能去了。"

心里生生一疼，却不敢落下泪来。是的，奶奶离开已经整整三年了。

她是经历过旧社会的。那样的年代，她出身贫寒，比爷爷年长，我猜测，他们的结合怕是与感情无关。她和普普通通的旧时女人一样，不曾上学读书，草草嫁为人妇，生子，似乎还未品尝生活的喜悦就扛起了生命的苦痛。她一生拥有七个孩子，五男两女。其中一个我无缘相见的姑姑，出生不久后便夭折了。听说她不敢哭，因为爷爷不许。听说她和爷爷一起养家，坚强得宛如男人。而她的孩子们长大后却忙于生计，不能常常陪她。

只是，爷爷并不疼她。好似她是奴隶，呼来喝去。

我常常想，是因为爷爷太自私成就了她的无私，还是她的无私造成了爷爷的自私。她总是把爷爷宠得太高，而自己一低就到尘埃，唯唯诺诺。

我的童年有几年是跟着她的。那时我尚年幼，哪里懂得生命之苦。现在想来，她偶尔对我说些不着边际的话，是否也是想找人倾诉。爷爷每天早上给她一天的开销钱，她会在送完我上学买买菜，然后坐在街角跟老太太们聊天，直到我放学，还要等任性的我玩够路边的花花草草。

上小学没两年我就跟父母走了，那时我不懂得不舍，不懂得她握我手的力度，不懂她为何眼里潮湿，只记得她手上那些老茧子刺得我生疼。

那时我每周都会背上爸妈让我带给她的东西，骑车送去，听她问长问短，乐此不疲。她自己开了一小片地，种了我喜欢的菜。叔叔们偶尔去看她，她牙不好，他们给她买的蛋糕却不舍得吃，一直留着，留着，等我去了，像变戏法似的拿出来，看我吃下去。

多好啊，这些小时光。可惜这些温暖并没有延长在我生命里太久，就被悲伤湮没了。

初二某天，听说奶奶患了重病，正在医院治疗。我飞奔到医院，冲开围着的亲戚们，看到躺在床上的她。雪白的床单映得她的脸毫无生气，深陷的眼窝更显憔悴。我咬紧了嘴唇，不敢喊。

上高中后，我在外地读书，相见的机会就更少。每次回去看她，她似乎已经在等了。紧握着我的手，并不喊我的名字，只重复着"我的孩子回来了"，每每想来，都要落泪。

其实她的病一直在严重着，我们心里明白，这个病是治不了的，却还是彼此欺骗着。高中那年寒假，我照例去看了她，她那时已经神智很模糊了。爷爷喊着她，"看看谁来了"，她抬起无神的眼睛看着我。半晌，终于还是叫了我的名字。我别过脸去，流了泪。她已经无法正常交谈，只是呆呆坐着，像在等待。临走前，我说："奶奶，放假我还来看你，你要快点好起来，看着我考上大学。"她眼神涣散，却在我即将抽手离去时突然握紧了我的手。

"你还记得奶奶吗，孩子。"她说。

我拼命点头。

她依然重复着，记得来看奶奶。

生命几多单薄，我只能看着，却无力保护。

那是我最后一次见她。

刚过完年，她就去世了。这一次她终于不用默默看着我的背影告别。

父母怕影响我学习，不敢告诉在外读书的我，可是我生性敏感，依然从蛛丝马迹猜到了一切。为了不让他们担心，我假装并不知道，自然也没能看她最后一眼。

老楼里的时光

那天，路人也许诧异一个女孩儿为何蹲在路旁哭得声嘶力竭。

恍惚中看见过往一幕幕重现。

譬如她每天早上给我和爷爷一人煮一个鸡蛋，自己从来不吃。她背着我的书包，牵着我的手回家，路过卖豆腐脑的就问我要不要喝一碗。她每天悄悄从爷爷给的为数不多的生活费里省出一两块，过年就换成整的给我当压岁钱。

我淘气骑车载她把她摔了出去，她一骨碌爬起来问我有没有受伤。

她冒着酷暑坐在学校门口等了我一上午，只是因为买了一盒彩笔想送给我。

她说锦来，长大了还要不要奶奶。

她说好好上学，争取考个好大学，奶奶也跟你沾沾光。

一生付出，一生期待，一生等待。

而我给予她的，不过是一个华而不实的梦。

我们是十六岁的孩子

恬小娆

1

和小G并肩坐在步行街的路边石上，她仰起头，很深沉地感伤，"真的很想谈一场恋爱。"我诧异地偏过头，看见夕阳的余光笼了她一身灿烂。"十年后。"我长长地舒了一口气，一拳捣在她的心口，很轻。小G不说话，只是笑着。

她问我，爱情是什么样子的。皱了皱眉头，我说不知道。于是她双手撑头，开始幻想。总归不是校园小说中的那种。我一本正经地看着她。为什么？或许，是因为太不真实了吧。小G点点头，翘起了漂亮的嘴角。

我们，离爱情还很远呢。

握着鼠标，我不知道是否要给小G留言，脑子里都是她那双明亮的、闪烁的眼睛。小C曾说过，小G就是被月亮遗忘在白天的星星，隐匿了光芒，却异常明亮。

小G的骨子里有一种孤单，不可名状。她会很灿烂地笑，然后用眼睛告诉我她很寂寞。我以为，她会不相信爱情的。

总能在小G的房间里找到一张一张散落的纸片，很精致，很华丽。每一张纸片上都写着很美但很忧伤的句子，像是断翼的蝴蝶，脆弱得让人屏息。小G说，相遇只是还没来得及错过。我笑，却笑得很假。我能理解，在那样一个家庭里所滋生的情感，没有绝望，没有痛，只是太孤单。

我会在起风的日子里，抱住小G单薄的、瑟瑟发抖的身躯，然后轻轻责备她又穿得这样少。她笑笑，不以为意。

爱情就是小G的信仰，或许只是为了证明这种情感真的存在。她说，她宁愿相信父母的分离只是因为爱错了。我听着她的固执，心痛得说不出话。

十六岁的孩子，孤单的孩子。

2

挣扎着从题海中探出头，小Q拍拍胸脯，狂傲地说，我自年少。

小Q是我们几个中成绩最好的，也是最乐观的一个。老实说，小Q并不是一个漂亮的女生，但却很有魅力，源自她的自信。

经常会在下课的时候被小Q拉出教室，莫名其妙。她会很严肃地看着我，一本正经地说，看，我是不是又变漂亮了一些。我会笑着点头，小Q会哈哈大笑，然后很豪爽地拍我的肩膀，来一句，好姐妹。

我会想，如果没有小Q，我的世界是否会少几分欢笑。小Q的天空是蓝的，很霸气的颜色，通透，没有一丝污点。我会看着她坚强的背影，偷偷地羡慕。小Q会突然回头，很诡异地望着我，说秋天不是发情的季节。我笑得更加厉害，小Q开始一脸诧异地分析我的性取向，最后一脸怕怕地捂住胸口。

十六岁的孩子，阳光的孩子。

3

我还会时常想起小Z安静时的样子，只是记忆中的面孔总是比上一次更加模糊。

KTV，很炫的灯光，很吵的音乐。我坐在角落里，看着大声叫嚣的小Z，心中异常平静。我不想用堕落来描述小Z，因为我看得到她浓重眼线下残留的一抹纯真。

小Z走过来，给了我一个热烈的拥抱，然后笑。小Z的笑容与众不同，像是一朵慢慢绽放的玫瑰，含蓄地酝酿着，缓缓蔓延，熠熠发亮。狂乱的灯光打在小Z秀丽的脸上，万分妖娆。她对我说话，很大声地喊，可我依旧什么都听不见，耳蜗里全是舞曲恣肆的环绕。

我想逃离。

推开沉重的玻璃门，我倚在墙角，大口地呼吸。端着盘子的服务生走过，对我说，你好。这让我想起了第一次见到小Z的时候，也是这样的一脸明媚，她对我说，你好。那时的空气，很清新，那时的小Z，很单纯。我会在放学的时候，坐在小Z的单车后座上，抱着一堆零食，一起哼着不成调的曲子，在静校的铃声中，向学校挥手道别。小Z说，终点就是那个终究会错过的地方。我深信不疑。

后来，我再也没坐过小Z的单车，她总是很早就离开，匆匆的，甚至来不及打一声招呼。还是那首轻快的静校铃声，只是，小Z听不到了。

十六岁的生日，小Z说要在KTV里过。我没有拒绝，因为我不知道还能再替小Z过几次生日。或许，我们已叛离得太远了。

十六岁的孩子，迷失的孩子。

4

　　并不是刻意把小C放在最后，只是觉得她对我来说是最特殊的。我们彼此都是对方的影子。

　　小C是个很安静的孩子，但是骨子里带着某种不安分的力量。站在高高的天桥上，彼此沉默着，安静地看来来往往的车和匆匆忙忙的人。偶然会发出一两句类似奔向死亡的道路总是拥挤的之类的感慨。

　　小C最喜欢的植物是曼珠沙华，和我一样。她说过，最灿烂的花只开在迷途。彼岸注定是远的，就像理想与现实，抑或是小Z说的起点与终点。

　　总是会在下雪的时候伸出手掌，看着雪花在体温下融化。小C就会看着我和我的手掌，淡漠地说，如果雪是血色的，会更加壮观。我笑笑，不置可否。

　　很多时候，我都会怀疑小C是否真的是存在的，她就像是黑暗中的眼睛、深夜里的血莲，诡异而妩媚。她的瞳孔，深不可测，我只能试探性地寻找她眼中藏住的光芒。小Q说，小C的存在就是一个神话。或许是吧，她这般神秘的孩子，让人无法捉摸，我甚至会在一瞬间看不清楚她是在笑还是在悲伤。

　　十六岁的孩子，特别的孩子。

老
楼
里
的
时
光

169

5

　　我们都是孩子，独一无二的孩子。容易受伤的年龄，灿烂而美好。

亲爱的小孩儿

心里有座坟

蓝格子

    人生就像装在盒子里的巧克力糖，不打开、不尝试，你永远不知道下一颗是什么味道。也许是惊讶，也许是兴奋，但这终是逃不开的劫。

    我想可能许然就是我的劫。

    在我喜欢许然一年之后，我彻底惹恼了我亲爱的闺蜜阿格，我为许然做了无数傻事而他不拒绝也不回应，只是一味地接受我对他的好，阿格终于忍无可忍。如果不是看在我的面子上，我估计阿格同学早已用她学习了八年的跆拳道功夫将许然大卸八块到只剩下骨头拿去喂狗了。

    对于阿格的这个想法，我一直很好奇这妹子是不是看上我了。当然，这话我不敢跟她说，否则流落在荒郊野岭的尸体就是我了。

    也许你会认为许然是个迷倒万千少女、成绩第一、还能在足球篮球场上称霸的美男子一枚，非也。许然只不过是个背着双肩包，在人群里丝毫没有特点的高中乖乖男一个。但我就是喜欢他到了无法自拔的地步，至于原因，我那思维缜密、逻辑推理超强的大脑也无法解释。

我想，这就叫喜欢，不需要任何理由。

许然是我的同桌，高中现今唯一的一个同桌。

我总是傻子一般地将这个定义为缘分，因为在阴盛阳衰的文科班里，如果你的周围有一个男生，那就是一种幸福。而我跟许然也成了文科班里唯一男女同桌的特例。

我总是用我的方式向许然示好，我给他吃糖果，叮嘱他加衣服，监督他背单词。总之，经过一段坚持不懈的努力，我成了许然的贴身保姆，虽然这个名词不太好听，但贴身二字足够让我乐上好几天。

我是一个不会织毛衣不会打围巾，除了吃以外没什么特长的男妹子，当然我陈述这个不是为了所谓的灰姑娘蜕变遇见王子做铺垫，只是单纯地为了突出下面我做的所有努力。

许然身体不够好，特别是在冬天，感冒发烧一个礼拜不来上课也是常有的事。说实话，我不太喜欢他的脆弱，我小腿骨折时还蹦跳着去学校上课呢。可后来也慢慢习惯了，我总是安慰自己：你要慢慢适应他的一切。

我首次欺骗我亲爱的老妈说我头痛脑昏，让她准备了所有的感冒药、消炎药、发烧药，害得我老妈担心了半天她健壮如牛的女儿这是怎么了。然后我屁颠屁颠地跟着阿格同学一个月学会了围巾的织法，最后我用我准备买画册的钱备好了各种牌子各种样式的餐巾纸，因为我知道他是有点洁癖的。

万事俱备。就等东风吹来许然的感冒了。我知道我有点小小邪恶。

可不知道老天爷是耍我还是许然知道了我的用心。他居然没感冒，许然竟然没感冒！对于我陈述两遍只是为了强调这个事实的恐怖性，这简直比彗星撞地球还具有传奇性。

一个冬天就在我小小的哀伤中过去了。

龙族的男主角说：春天遇见花开是一种美好，可是你能说在冬天遇见鱼就是一个错误吗？

春天终于来了，我想我到了遇见花开的时候了。

我一直准备着美好的最好能吓住许然的告白仪式，不知怎的，阿格同学突然将我拽到镜子面前，用我从未听过的语气说了句："你看你现在什么样子？"这声音有愤怒、有悲伤，更多的是怜惜。"挺好的啊。细腻红润有光泽。"也许是我开玩笑似的话语彻底激怒了她。"你看看你现在人不像人鬼不像鬼的模样，为了那么一个男的至于吗？你对他有多好他当真不知道吗？除非他是个脑子进了白开水的傻子！"

我从来没看过阿格这个样子，即使在我们闹矛盾在她父母吵架离婚时她也没有这个样子，我知道她是真的被我气到了。

两个人无言地坐在床上，十几分钟死一般的寂静，最后还是我打破了沉默。"我只是想为自己努力一次，就一次好吗。"说完，阿格同学紧紧地抱住我，像抱住一根稻草一样，那么虚弱却又那么坚强，好像害怕有一天我就这么离开她。

在我做好了所有的准备设想了无数可能的结果后，突如其来的变故却毁掉了我精心准备的一切。

在我某天准备打电话实施我的计划时，突然许然家来了朋友，他要求我挂电话终止这场对话，我的脑海里突然冒出一个主意，在通话即将结束时，我鬼使神差地没有挂掉电话，而许然也可能因为心急忘记了这一茬儿。

于是我听到了这辈子伤我最重，不过也是最让我感动的一段对话。

"跟谁打电话呢。"这似乎是某男的声音，许然的死党之一，总是爱欺负我的那个。

"你喜欢的那个。"听到这话，我瞬间冷汗四溢。

"你还要继续吗？继续装糊涂接受她所有的好？"语气中满含质问。

"不然呢？你舍得她伤心吗？再说她送我的东西不都给你了吗？那条围巾以及所有的感冒药！"原来，这才是他不在我面前戴围巾的真相，我居然还一厢情愿地认为他

亲爱的小孩儿

是因为珍惜而不舍得戴。

电话这头的我连忙按了结束键，我害怕那头又让我听到什么不为人知的真相。

你知道毁掉一个人最快的方式是什么吗？那就是毁掉他的信仰。

我想许然做到了。

后来的后来，我抱着阿格痛哭，大骂他的一切，有很严重洁癖的她也没有因为嫌弃我的一把鼻涕一把泪而将我推开，反而搂得更紧。

后来的后来，我知道许然原来不吃糖因为他讨厌所有小女生的东西，他也不喜欢穿太多衣服因为要显示身材，而英语更是许然的死穴，也是他最痛恨的地方。

原来我对他所有的好，他只是接了，却没有真正意义上的接受。

我想，许然想要的是香蕉，而我只能给他苹果，花光了所有的一切也只是感动了自己。

最后的最后，我还没能忘记许然。

日子还是如流水般过着。阿格同学还在我身边，每当出现与许然有关的事情，她总紧握着我的手，用眼神鼓励我。

那个喜欢我的男生也离去了，至今我还是没听到他的半句表白。而在许然的名字滑过我的耳边时，我只是微笑却不敢再带有更多的表情。

他自然还不知道那天的事，可随着我的慢慢疏远，我们的关系也随即变僵，然后成了只会微笑的陌生人。

人人都说：心里有座坟，葬着未亡人。

我想，就让许然在那里安息吧。

但 为 君 故

赫 乔

1

"乔帮主，你有喜欢的人吗？"

"没有。"

"那你怎么写爱情？"

"我会听别人的故事，然后我会想象。"

我干脆地回答。然后温吞吞地翻看网页，然后想起那些缭乱而破旧的时光。没有在少年时代认真地喜欢过任何一个人，没有你们看过的缜密的小心思，也没有那些明亮的黯淡的花色。你们不要太相信写故事的人了。她在现实里，没有那么深重的眷恋，甚至于冷漠。

直到，我遇见罗城。

2

怎么认识罗城的来着？对了，我叫他罗小城，我说，这个名字多有爱啊。他说，哪有傻小赫这个名字有爱啊。

对吧，他侧过脑袋看着我，说，对吧。

我咬紧下嘴唇看着他。

路灯在我们身前打下又细又长的影子，我撇过头去，伸个懒腰。今晚的夜色可真好啊。突然就想起来新新跟我说的，他喜欢的女孩子在和他一起看日落的时候，说，每天都来这里看日落，可是怎么觉得就今天这么美好。

我跟新新说，那女孩儿没说出来的是，我喜欢你。

就好像今天一样。

罗小城送我回宿舍，我在门口看着他，不肯走。他轻轻地说："回去吧。"我低头说了一声嗯，手指扬起来，触到他的肩膀。然后转身走掉，什么都没有说。

3

其实我是什么时候喜欢上罗小城的呢？刚认识他的那一天？不是，那天我另有正在交往的少年。第二次见到他的时候？不是，那天我就是迷迷糊糊打算早点聚了会然后回家的姑娘。

其实，你是猜不到的。

秋天的某个下午，我下了课，出门左拐，然后遇上另一帮刚刚下课的人，里面就有罗小城。我和他还不熟，所以只是安静地行个注目礼。他看见了我，我看进他的眼睛里。三秒钟。然后你知道了，我就那么沦陷了。

其实，他看我的那一眼，兴许是出于友好，也或许只是辨识出来熟悉的面孔而已。而对我来说就是误打误撞，之前我跟自己说，赫乔，你得有一个可以用来喜欢的人，这段青春才能完整。然后，我就遇上了罗小城。

4

小语说："赫乔，我喜欢罗城。他是我找了很久的温柔，可是他不肯和我在一起，他说没有感觉怎么都不能算是喜欢。"

我笑："他只是还没学会珍惜，他终究会发现你的好。"

罗城和小语是一个班的，小语叫他哥哥。她说，在他旁边，有家的感觉，所以想要以一辈子为时间长度走下去。每当罗城出现的时候，小语整个人都在发光。喜欢一个人，是会发光的。我喜欢小语这样的姑娘，喜欢一个人死心塌地喜欢着谁。她还会尝试着找男朋友，但是我知道，只要罗城钩钩手指，她就会跑过去。喜欢是一件有点盲目的事，就像藏獒一生只认一个主人，如果你是真的喜欢，就很难看见其他的人。

所以，我只是一开始对罗小城同学心存好感，然后还是心存好感，再然后，我就看不到周围还有哪个男孩子能让我心存好感了。

我开始像小时候那样写一些幼稚的话，比如，我就像那朵长满了刺又高傲又寂寞的玫瑰，罗小城，你会不会是我的小王子？写完我就自顾自地笑起来，像一个思凡的小尼姑。

我也会理性一点，在QQ签名里写给他看，我说，但为君故，沉吟至今。

5

六一儿童节的前一天，我给罗小城发短信，明天出去过节吧。他说好呀，干什么？我说，我们去吃KFC儿童套餐。

晚上的时候出去买酸奶，遇到小语，把酸奶送给她。

我记得半个月前，罗小城请我吃饭，我们在校园里瞎转，遇到小语和她男朋友。她冲过来抱住我，我听见她的声音："乔，别，别抢走他。"我笑，"怎么会呢。"我侧过头看罗小城，"你说是吧。"

我没有看见他的表情。

所以，后来每次看到小语，都觉得我欠她的，即使我什么都没做过。

第二天，我们在这座喧嚣的城市里转来转去，霓虹灯和车灯的光不时打在他的脸上，我可以看到他温柔得快要腻掉的表情。我抱着哆啦A梦的抱枕，给他讲好玩的事。一些无关痛痒的故事。

我们坐着晃晃悠悠的公交回到学校，下车的时候，我说不用送了我自己回去就OK。他笑，"你确定么，这么晚小姑娘不要逞强。"我摇摇头，转身走了。我跟自己说，赫乔，你不许回头。

6

以前我以为，自己会是想了就做的明亮射手座，可是有的事，真的不是这么简单。

就好像我觉得小语很重要，罗城也很重要，但同时不失去两个人的唯一方法就是打死我也不说。

我蹲在地上，痛痛快快地哭了起来。

205，不是瞬间

小　饭

1　我们默默地相识

不习惯地跨进熟悉的学校，陌生的宿舍，熟悉与陌生一排斥，一切都变得无比安静。

很厌烦这种感觉。

那些美丽、温柔、潇洒、惆怅的旧友，在沸气蒸腾的炎夏里，与我分别。怀念。

此时此刻，眼前的这些新朋友，看上去都是老古董，似乎不太好相处，我也只能选择沉默。只是通过宿舍门口的花名册，我才一一晓得她们的名字，偶尔遇见，相视对笑一下。

"如果中考我那该死的数学没有考砸，我就不会在此

亲爱的小孩儿

飘荡了。"可又能怎样呢? 潸然泪下, 泪水一滴滴有顺序地安顿在毕业照上。

头一个晚自习, 班主任让我们自我介绍, 我也就更进一步地认识了她们。

也许认识。以后我们都是205宿舍的舍友了。

2 生活这件小事

时间一久, 我们成了亲密无间的好朋友。

"范大爷驾到, 还不快点前来觐见。"每每下课, 我总是习惯性地游荡在刘妈周围。

"你曲稀 (去死)!"刘妈总会瞪大双眼呵斥道。

我才不管三七二十一呢, 酝酿一下功力, 拳头一握, 朝她的冲天大鼻攻去。"哎哟哟。"听到这哀鸣, 我就无比自豪, 趁她还未从痛苦中挣扎出来, 我那神指就已经深深掐进了她的腰。"哎哟哟……"战斗激烈地展开了。At last, 美满的大结局总是被我抱回家。

"快说, 范大爷饶命, 我就放了你!"

"富贵不能淫, 贫贱不能移, 威武不能屈!!"刘妈那狼狈憔悴的眼球, 歇斯底里地埋着定会复仇的气恼。

偷笑。

我和刘妈是宿舍里出了名的冤家。"冤冤相报何时了。"正是因为如此，我们才变得更亲密。

随之而来是咱伟大的舍长，鼓掌鼓掌。

这家伙和我一样，视音乐为血液，没了它就会脸色苍白，茶不思，饭不想，Music is powerful。

舍长内敛而不沉闷，闭月羞花，温淑不可攀，却是205宿舍的老大。当喜事、怒事、乐事混进我们的思想而使我们不得不花好长一段时间来悉悉碎念，连熄了的灯都止不住我们前进的步伐时，舍长会拧起眉头，清清嗓门，大喊一声"安静！安静！！安静！！！"She's powerful too！我们也会很听话。

第"叁"个角色便是富丽堂皇的唐老鸭。

唐老鸭是205宿舍的"色狼"。

她每一天都温习着那数也数不清的"情人"，以致她的"丈夫"老刘次次和她"闹离婚摆臭脸"。即便如此，她依然面不改色，"我好想A，B是我的人，C我也喜欢……"完全不顾酸得不得了的老刘那气得愤青的脸色。

她都是在开玩笑，我们知道，她是为了带来欢乐，我们也知道。

唐老鸭还是语文科代表，每周一、三、五七点自习，她会准时地捧起语文书领读，"大家把课本翻到××页，读一下×××……"她用心良苦地付出，我问她："你累不累？"唐老鸭会说："不累，不累，一点儿也不累！"

好吧，好吧，唐老鸭的笔墨花太多了，接下来讲讲

Double R同志。

Double R同志十年前就练成了一身韧功，一般的高手是抵不过的。所谓的"韧功"，就是中华民族流传千年经久不衰的"坚持不懈，不怕天不怕地，勇往直前"的传统美德。同时，Double R同志还有个特殊的嗜好，表扬他人。经常会有人被她表扬得心跳加快，心虚而不能自如，上气不接下气。哎，受"表扬"是要付出代价的。

Double R同志的同桌兼best friend是晶小妹。晶小妹不愧是晶小妹，把太阳光总能量的三次方都溉入心田，也难怪她活力四射，活得跟喜气洋洋猪八戒般自在，这不是，某年某月某日——

"要不要去吃包子？"晶小妹问。

"要！"我说。

"要不要去溜冰？"

"要！"我说。

"要不要送你去死？"

"要！"我又说。

思维定式真不是好东西。

晶小妹笑得捂着肚皮，牙齿露得比空姐还多，那个甜的啊。

缓冲一下气氛。

最后迎接我们的压轴人物莹姐姐登场！

莹姐姐似仙女般走了过来，这也正是现实生活中的她，清新可人，美丽无瑕，最重要的是那好到可以把气球弄爆的脾气。

"莹姐姐，把你的小本子给我。"

"好的！"莹姐姐知道我要做什么。

于是，我在那个小天地里记录下我的最新design动态，那是为莹姐姐独家奉献的。

给她的时候，她笑了，我也笑了。那会是以后很珍贵的纪念。

205的美丽生活。

郑 伟 芳

左 夏

郑伟芳，不是名人也不是伟人，把TA整个人提溜到你面前你也绝对不认识。至于为何用这三个字作为文章题目，我可以很负责任地告诉你，TA的奇葩程度已经超出了所有形容词所能描述的范围，本人作为TA的私聘传记写手，拿人钱财替人消……哦不，是迎合郑雇主澎湃的自恋之心，用TA打娘胎出来就如影随形的真实姓名作为此传记的题目，借以宣扬TA传奇的光辉事迹。

任何精彩的故事都有个雷人的开头，那就先从我俩的初见开始讲起吧。

我对TA的第一印象就俩字：帅哥！瞧瞧，瞧瞧，这小伙长得是真俊啊，五官清秀，眉眼干净，肤色白皙，利落的短发，小清新的红色格子衬衫，踏着一双白色帆布鞋，从教室门口大步流星地向我们这旮旯走来。哇呀呀，文科班居然会有如此萌太，还就坐我后桌，真是喜上心头。

就在我蹲前头暗自欣喜时，萌太开口了，仅仅一句话就把我的美好憧憬扼杀在萌芽状态。这句话是：次噢，总共就七个男生，还没一个长得像那么回事的。咔嚓——我听见自己心碎的声音——竟然……是个女生。

也便是这句坦率而强悍的话，使我们周围一票子女娃（一个男的都没有啊，简直是女儿国啊我们这角落）对她这个帅气的姑娘有了爷们儿的第一印象。

而事实却是，表里不一是她的标签。

先说她的"表"吧，确实，偏中性的打扮，爱闹爱笑又爱打篮球，爱憎分明，肝胆相照，我们周遭所有人都知道她大爱罗志祥厌恶日本——一个赤裸裸的爱国热血青年。说话总是语不惊人死不休，比如课上到一半就突然嚎一嗓子"想你的夜，多希望你能在我身边"，把方圆五米内的娃子全给撂倒自个儿还沾沾自喜。再比如有一次上课我忘带试卷了，我贼兮兮地看着她，央求她和我共享一下她的试卷，结果她撇着小嘴小气吧啦地摇摇头。我万般无奈之下昧着良心说一句："你真美丽！"你猜怎么着，她满面春风，得意扬扬地搭腔："谢谢，我也是这么认为的！"然后得瑟地把试卷往我这边挪了挪。又比如在她"疯狂迷恋"（请注意双引号）俺们村头一枝花——李大龙女同志时，我曾告诫过她"你小心大龙她妈拿洗脚水泼你"，她一脸痴怨地看着我，一字一顿地说："我真的有那么差吗，真的吗真的是这样的吗？"我正愁玩笑开大了要怎么挽回她的自尊心时，她面色一改，反而喜气洋洋地自嘲说："怎么可能用洗脚水，泼的肯定是开水！"……我不禁被她强大的自我修复能力所深深折服。（我必须声明一下，她爱慕大龙这段只是我们闲暇时杜撰的玩笑而已，并非真有其事。）跟她呆一块不仅没形象啊，而且笑点会迅速暴跌，她总有各种惊世言论和各种style的搞怪表情，能够恰到好处地戳中众人的笑点又不损自己的美好形象。比如她新近裁剪的锅盖头就非常有亮点：红润的脸，厚厚的发，鼻梁上架一大大的黑框眼镜，再加上一个对生活相当知足的灿烂笑脸——简直就是真人版的大头菜菜啊有没有，不用上妆就可以现场模仿了（鼓掌）。

引用她前同桌肿肚源（请念潮汕话）的一句话：她长这模样，猛一眼以为是跳街舞的，再多看一眼以为是练架子鼓的，深入了解才知道：丫就是个穿校服做广播操的！这家伙的小女人情怀无时无刻不在含蓄地汹涌出来，因着这逆袭性的巨大反差，她每一次的娘们儿姿态都会让我们全体笑喷……

该怎么说呢，你能想象一个男生略带娇涩、面泛红晕地眨巴眨巴眼睫毛对着你认真而无辜地说"我明天要穿性感的迷你短裙"的那种很喜感的画面吗？如果你能在脑海里自动拼接这一场景，你就一定可以懂得外表萌太却每天嚷嚷着我想穿长长的婚纱很性感的那种的——伟芳童鞋，

她的奇葩言论所带给我们的各种感官冲击了。（你懂的）

这都不算啥，关键是她的理想婚礼是点炮仗穿中山装走红地毯，老洋气了都，就是不知道那位幸运的新郎会做何感想，一定是百味杂陈的吧。

应雇主的要求，我得说说她的内在美。众人公认的便是她那令人唏嘘的贤妻良母情怀。她有一个很别致的代称，叫"丁一娘"，请不要联想到武侠小说的神马神马女毒医，这个这么有内涵的名字，拆开来解就是四个字——"丁一的娘"。是的没错，这姑娘在天真烂漫的二九韶华便给她那不知猴年马月才降生的孩子取名"丁一"，这个名字特有技术含量，为什么要叫"丁一"这么特别（脑残）的名字呢，因为它——笔画少，好记。此等姑娘以后绝对是贤妻良母的不二人选啊，有意者可以致电征婚专线查询，具体咱再沟通沟通。

说真的，伟芳确实是一个很奇葩又很温暖的人，隐藏在她大大咧咧嘻嘻哈哈外表下的真实灵魂，其实是一个心思细腻单纯而又略带偏执的小女生，她是那样清澈明朗，阳光直率，听温柔伤感的歌会流泪，会固执地对某个人特别特别好，虽然方法不一定正确；会拍很多小侄女的萌照发到空间上，她的言语中总透露着一种亲善而坦诚的爱，她爱她的家人朋友，这些人比她的命还重要；她会直白地说她爱小猪的一切，但那会成为她向上的力量；她喜欢助人为乐，不喜欢非主流不搞另类不装酷不摆架子，成绩中等的她在我心中却充满着正能量。当然，她也有不少的小缺点小毛病，但这并不足以掩盖她这朵奇葩的强大魅力。

我们都很喜欢她，因为她总能带给我们很多很多妙趣横生的快乐。转眼间，高二相处的一年已经成为回忆，在号称炼狱的高三即将把我们仅存的一点自由和散漫完全覆灭之际，一想到还有这么一个活宝同桌相伴，我就觉得生活还是美好的，前途依旧是光明的。

17th wish

双　生

你还记得十七岁时候的自己吗？

记得我的十七岁，和要好的朋友趴在高摞的教科书练习册后面，分享一对耳机，然后用彩色的纸乐此不疲地传着纸条。

尖尖的屋顶，外面可以看到阳光与雏菊的落地玻璃，整面墙的书柜摆满喜欢的书，轻柔的音乐，咖啡的香气和蛋糕的绵软。一家小店，放我们喜欢的歌，看我们喜欢的书，和客人聊聊天，听听故事，然后就这样一天一天。这是我们幻想的未来。好像十七岁的时候总是能很容易地就规划好未来的样子，鸟语花香，与世无争。好像也总是很容易地就相信这些都会笃定地实现。

如今天各一方，我在中原小镇闲时写写字，写写我听过的那些故事，她在南国，无比怀念曾经一起看过的那场雪。她说，风花雪月，更与何人说。

我十七岁时，喜欢一个男生。不高不帅，不好不坏。

勇往直前，肆无忌惮。

浑身充满了力量，他微笑的样子，抬头的样子，路过我身边的气息，还有，无意间的触碰，都可以让我欢天喜地地兴奋好几天。

有时候独处的两个人，不说话偷偷地看一眼他的侧脸，上课时他起来回答问题的模样，迟到后罚站在门口的衣角，换位置无意中坐在一起的时候，上课偷偷睡觉的睫毛，想起来都会小鹿乱撞得无法抑制。

十七岁，最想要的就是可以光明正大地牵手拥抱，和他四目相交就能会心一笑，最想要的是他送我回家的那盏路灯可以一直坏掉，那么就可以再多送一段路，再多送一段路。一张粉红色的信纸，一张从杂志上剪下来的图画，一张新出的CD，还有他无意间就红起来的脸颊。

没有什么比这些更好办到了吧。后来，我们要求越来越多，多到我们已经忘记，当初想要的，只是一个拥抱，还有，用心。

多年以后的聚会，他身边拖着一个小鸟依人的姑娘，挺起的啤酒肚，说着左右逢源的话，那个会挡在我面前挡风、偷偷在课桌下勾我手指、义正词严的少年，早已经忘记了当初要做警察的雄心壮志的梦想了吧。

一本畅销的书。

一封亲笔的情书。

一个会下雪的玻璃球。

一个会旋转的音乐盒。

一只如我这么高的玩偶熊。

我有很多愿望，可是那时候的我并不贪心。

十七岁时，我总觉得，未来很遥远，遥远到我们根本看不清楚二十岁的路在哪里。

后来，我们再也记不起当初的十七岁，简单单纯天真的样子。

还有那些傻里傻气不值一提的愿望。

无意袭来的微风卷起上扬的裙角，路旁经过的女生轻轻的一声惊呼，马尾上绑着彩色的发带，费尽心思地绑出可以正大光明的发型。

温润如玉的少年，穿着白色衬衫在绿色树荫下的操场飞奔，袖子挽起来，长长的头发被汗浸湿，一声呼喊猛然扭头扬起的黑色眼眸。

仿佛那一季的色彩都融进了那天黄昏斑斑驳驳的阳光里。

某闲赚钱记

某某闲来

说起赚钱，在某闲心里一直有个宏伟巨大的愿望，就是大学期间，利用闲暇的时间打工，然后赚很多很多的钱。至于有何收获，且听我一一道来：

《英语周报》和电话卡

当初接触到推销的行列，还是源于大一时自己和同舍室友的亲身经历。刚开学，在学长们风风火火的带领下，我们率先奔赴的不是学校办公楼的报名处，而是一个个五彩撑开的遮阳棚下，面对着琳琅满目的电话号码，眼冒金星，接着才去办理各项入学手续。

收拾寝室的时候，总是会被不同的学姐们疯狂砸门，以三寸不烂之舌忽悠着英语在大学期间的重要性，显然，从高三的战场刚刚解放的大一新生们，比如我的室友，胸怀大志准备在大学里有一番作为的热血青年势必会听进学姐的谆谆告诫，毫不犹豫地订下一年的《英语周报》。可不上进的我是个例外。我是我们宿舍唯一一个没有订购报纸的人，所以一年后的室友们纷纷吐槽那些崭新的报纸几乎没有看过几张时，我则在一边笑弯了腰。

也是这个缘故，深谙推销流程的我，早在大一学期末的时候跃跃欲试。等星星盼月亮一般，终于迎来了如同我们当年稚嫩的笑脸。我被抽到参加学校迎接大一新生的志愿者行列中，或许，在座所有的人都觉得这是个肥差，因为学校明文规定不得除志愿者以外的任何组织或个人迎接大一新生，这样一来减少了竞争，毕竟志愿者名额有限，想分一杯羹的学长学姐大有人在。看似大大增加了我推销电话卡和《英语周报》的概率，可上有政策下有对策，那些狡猾的学长学姐们，早早地在火车站汽车站蹲点，成功地抢在学校安排迎接新生的志愿者前面，截获了一批又一批新来的大一生。

他们谎称新生的表哥表姐，你们家表哥表姐都是同一副面孔啊，我有些生气，还是忍不住爆发出来。没想到的是，新生们居然会很配合地应答着，这就是我的表哥（表姐）！就这样，当我们接过行李（我是负责新生入住宿舍这一块的），把他们送往寝室的路上，企图试探性地推销我所代理的电话卡和《英语周报》时，却得知人家早在来学校的那一秒，被表哥（表姐）一条龙服务好了一切。什么饭卡水卡电话卡，报纸墙纸卫生纸，想都不要想，所有的商机早已经被人捷足先登！

地摊摆起来

和室友摆地摊卖东西，是我一时的冲动。本质原因还是归于我上面提到的那个宏伟的愿望，从未敢忘，也未曾忘记。我是那种想到什么就必须要做的行动派。和室友说出想法后，力挺我的室友表示可以试试看，于是我线上线下搜寻了各种进货渠道。

那时候大约在冬季，女孩子不想被单一的牛仔裤束缚着美腿，就只能通过颜色花哨的打底裤来显露，正所谓"要风度不要温度"，这句话，在校园内很是流行。

瞅准商机的我，和室友利用周末乘坐公交车，在近两个小时后来到了"百度知道"上指出的批发市场。由于路途遥远，来这里的学生少之又少，可能是我和室友被冻得红彤彤的脸蛋惹人同情，那家打底裤批发店的老板犹豫再三，给了我们最低价之后还便宜了五十块钱。临走之前，挥着手说，"苦命的娃，早当家，祝愿你们生意兴隆！"

之后我们开始了长达一个月的摆地摊生活。刚开始，生意不冷不淡，一晚上也能卖出去几条，可是和我预想的成为爆款、销售一空的场景有着遥远的距离。于是我苦苦思考了好几个夜晚，并不断和室友合计后，最终想出模特的真人show和促销活动。

室友曼妙的身姿这个时候帮上了大忙，修长的双腿每天晚上都会被不同款式的打底裤包裹着，从而散发出属于它的真实美感，引来了一大批围观的群众，而我卖力的吆喝声也至关重要。从某本财经杂志上看到，中国的消费者对于打折的字眼都有种莫名的情节，这种现象不仅适用于大龄妇女闲逛超市，也同样适用青春飞扬的少女们对物美价廉深深的渴望。

自然，打底裤是销售一空，生意，好到爆！可是为此，室友却在数个风寒日冻的夜晚感染上了重感冒，吃药无效后，跑到市立医院连续挂了近一个礼拜的吊水，而每晚的点滴费就达一两百块！我们辛苦赚来的五百块就这样被挥霍一空，还要搭上自己荷包里的一部分，真是赔了夫人又折兵，得不偿失！

兼 职 联 盟

兼职联盟。顾名思义，这个组织就是为大学生寻求打工赚钱的机会。这和我伟大的愿望不谋而合。

知道它，是当时的我外出回来，走近校门口的时候，接过了一陌生女孩儿发来的传单。"兼职联盟"这四个大字就是这样醒目地出现在我的视线范围内的。

那个时候，身边正好站着几个刚刚检查完寝室评完分的学弟学妹们，一听说我要加入兼职联盟，也纷纷表示想要一同加入。我本着有钱大家赚的大公无私的心，带领了六个学弟学妹来到了兼职联盟的办公室，咨询加入详情。负责人端茶送水，笑靥如花。在听说了我是学生会干部，更是掌管着全校宿舍卫生生杀大权的宿管部部长时，笑容更深了些，连忙说要拉我为合伙人，职责就是为他拉人入盟，薪酬按人头计算。我觉得不错，说要时间考虑下。负责人很热情地同意了，为了表示诚意，还将那六个人的参会费给免去了一半。

但没有想到的是，英语六级的空前来袭还有期末考的紧随其后，让毫无准备的我渐渐淡忘了和负责人的约定。待我回想起来，询问参加联盟的六个人时，他们也先后说出和我一样的遭遇，都被考试的灰色阴影笼罩着，任凭谁也没有心思去打工赚钱，挤出闲暇时间还不如安稳地躺在被窝里多睡一会儿懒觉来得快活。

……

综上所述：噼里啪啦胡乱按下一通数字后，得出我这几次打工兼职的成果，居然，居然是负数！曾几何时，我多么希望自己会是个商业奇才，但经过这一番的折腾也只能认清现实，安心学习。虽然金钱上没有得到满足，但大学期间的各种兼职，还是赐予了我无上的快乐和美好的回忆。

老　家

眉　泠

还未推开木门的那一刻，我就已经有了退却的想法。可是手已经伸出，在父母不明所以的注视下，我怀着一种莫名的近乎视死如归的心情推开了木门，木门乖顺地隐喻般地发出"吱呀"一声叹息。这场景与我记忆中的某处慢慢重合，然后我用一种可以称得上是"欢快"的语气叫了一声——"爷爷"。

一切都毫无意外，顺理成章。

或许是周围环境的缘故，那一瞬间，我竟依稀有了时光倒流的错觉。但是紧接着，我就察觉到不对——从我的喉咙里流淌出来的声音，早就不复昔日近乎毫无阴霾的清澈、透亮。

我茫然地抬起头，一个白发的老人就这么毫无预兆地闯进了我的视线。

爷爷。

我在心里轻轻地默念。

那个老人微笑着看着我，脸上密布着像蜘蛛网一样的皱纹。我不知道我为何会认为那些皱褶的蠕动可称得上微笑，要知道，在我的记忆里，爷爷永远都是一副皱着眉仿佛随时都会勃然大怒的样子。

他说："来了啊。"

他竟然说，来了啊！用这样一种悠闲的话家常的口吻，用这样一种听起来甚至有些亲昵和纵容的口吻，好像我们不是多年未见而是一直都亲密如斯。

我扭动僵硬的脖子去向我的爸妈求助，爸爸表情怪异地"嗯"了一声，妈妈还未从吃惊中缓过神来。

这就是我的老家啊。

那一刻，我在心里轻轻地感叹。

算起来，已经四年未见。我已经无法完全记起那些年我是如何在这里挨过假期，我对这里最重要的印象就是爷爷那张严肃的面孔和高声斥责我时的不容反抗。

那个老人执意要去商店买水饺。请原谅我无法把这个人与我的爷爷对应起来，尽管这份固执不减当年。最终，妈妈败了，我看着他拄着拐杖一瘸一瘸地走出去，不由得慢慢跟紧他的脚步。

他走在路上，很慢很慢地走，有人跟他打招呼，他就笑开了花。

似乎以前也是这样的，那时我无论如何也不能理解，我的爷爷对他人如此慈祥，却为何对最亲近的人如此不近人情。

他与我从未谋面的奶奶离婚，把不足一岁的爸爸扔给了我的老爷爷。

他被推上了教师的位置，没有哪个学生不曾挨过他的戒尺。

他脾气暴躁，罔顾爸爸的眼疾。

在旁人的絮语里，我的爷爷就是这样不近人情。在我年幼的目光中，他永远板着脸孔要我考第一名。

商店的主人用一种意味深长的目光看着他："大爷爷，又来啦？"

他仍旧那样笑着："唉，来了，来拿包水饺。"

我站在一旁，听着他絮絮地唠叨——儿子回来了，带着孙女，孙女学习可好了，每次考试都是头名……我听着他唠叨，却不忍心告诉他其实他的孙女远没有那么优秀。商店的人漫不经心地应几声，而他在这一刻，竟然像一个普通的一心盼望家人团聚的老人。

回去的路上，我拎着水饺跟在他后面，像来时那样。我想起从前，从前的从前，爷爷买了一小麻袋土豆，让我提回家。我提不动，爷爷就训斥我"享福"太过，说哪哪的姑娘一只手就能拎起来一麻袋。那时，我是如何回应他的呢？我想不起来，只记得那时候铺天盖地的小孩子才有的恨。

而现在，这份恨他的心情也变得如此模糊不清。

我们的故事不落幕

墨小虾

1 遇见我的小太阳

天空一片季晴，我慵懒地抬起头，一如既往地想起了你，那个被我唤作小孩儿的男生。与你相识于那个虚幻的网络。依然记得，最初是因为我把自己的QQ号码刊登在《中学生博览》的交友栏上，你试着把我加为好友，不管是偶然还是必然，从那天起，我们的友谊如早上的太阳冉冉上升。我们的故事由此拉开帷幕。

某天。爷爷突然住院。妈妈打电话给我，那声音疲倦而沙哑："晓晓，爷爷肝癌晚期，医生说怕是只有两个月了。"虽然妈妈极力控制自己，可是我还是感觉到她声音里的颤抖。我装着很从容："妈，没事的，爷爷那么善良，上天会眷顾他的。"挂掉电话后，我泪如雨下。刚才所有的从容在合上电话那一刻迅速演化成恐慌。虽然经历过了那么多的生离死别，可是请原谅，我还是没有一颗看透生死的心。在那一刻，没有人会知道我多么的害怕与无助，在那一刻，没有人会知道一向强装坚强的我也多么需要安慰。

我不停地翻看着手机里的通讯录，最后，我的目光停留在"舒溟"这个名字上。一个看起来那么有诗意，让人那么惬意的名字。我突兀地给你发了一条信息："突然很低落的心情，我很想告诉一个人，此刻我很想念我的爷爷。一个善良却即将离开我的老人。"

其实，我们只在网上闲聊过几次，只知道你与我同在一个城市。所以当时也没想过你会回复我，只想着只要有个人在同一个城市的某个角落里静静倾听着自己的心事就好。所以在收到你回复的那一刻，我还是有那么一点意外。你说："从小我就没有见过我爷爷，所以连想念的权利也没有。人生糟糕的事我们不能避免，但也许我们都可以坦然去面对，努力珍惜，生活终归可以很美好。"并不华丽的安慰，却让我心里有着暖暖的感动。从那时起，我们开始慢慢熟络。你的故事开始有我的参与，我的世界开始有你的呼吸。每一次有心事我总爱给你发信息，而你会发过来一张又一张的笑脸。每一次就算再难过，在收到你信息的那一刻，我心里都会升起个小太阳，暖暖的，甜甜的。

2 你给的弧度

　　某天。午后的阳光很舒服，很惬意。我坐在窗边，抬头看了看万里无云的晴空，突然想起你。给你发了信息："小孩儿，姐姐喜欢幸福的样子，每当看到别人幸福，姐姐的嘴角也会在不觉间翘起了一个弧度。"你很快回复我："我希望那抹弧度能够永远定格在姐姐的嘴角。"心里突然很暖，嘴角上挂着浅浅的微笑。

　　你就像你的名字一样那么让人舒服，那么让人贴心。你不懂油腔滑调，但是却总能勾起我嘴角那抹弧度。记得那天我问你在干吗，你说："姐姐，我在床上打滚呢！"我想象了一下你那个样子，安静地笑了，心里默念：真是个傻小孩儿。又想起那天我坐在教室里，桌子上放着一瓶"怡宝"矿泉水，我给你发过去这么一句话："小孩儿，你就是我的'怡宝'。"你问我："那姐姐有没有把'怡宝'捧在手心呢？"我故意说："我把它扔垃圾箱咯。"然后在一旁"咯咯"地偷笑了。你说："那姐姐的意思就是姐姐就是那个垃圾箱咯？""嘿嘿，对了，小孩儿真聪明。""姐姐，上帝让'怡宝'遇见了垃圾箱，就像香烟遇上了火柴，所以小孩儿要粘姐姐一辈子了，姐姐你逃不了了。"对的，我们就是垃圾箱跟"怡宝"，我们都说过要永远在一起，我们都在努力维持这份难得的友情。所以，亲爱的小孩儿，你就是垃圾箱的专属"怡宝"，是姐姐这辈子独一无二的小孩儿。全世界的人有几十亿，而姐姐只有你一个小孩儿，那个总能让我的嘴角上扬到最幸福的45度的"怡宝"小孩儿。

3 我们都不会是彼此的过客

我们都是一样的孩子，我们都把亲情和友情看成是自己每时每刻必不可少的呼吸。

你说："爸爸妈妈赚钱养我很辛苦，所以我要努力学习，以后赚钱养爸爸妈妈。"

你说："比起那些不成熟的爱情，亲情和友情更重要。所以我要陪着爸爸妈妈还有姐姐一辈子。"听到过这种承诺太多，所以一直害怕承诺。可是你如此认真而坚定的语气让我选择了相信。

你说："姐姐，你给了我从来没有过的幸福，所以以后我也要陪着姐姐找到另一半后，我再去寻找我的另一半。只是……假如姐姐找到了你的另一半，小孩儿也许会很失落，像突然丢失了一件很重要的东西。不过我还是会祝福姐姐，因为我希望姐姐幸福。"那一刻，鼻子突然就酸了，双眼逐渐模糊。虽然看似很幼稚，但是却让人觉得如此温暖，如此贴心。我亲爱的小孩儿，记得你跟姐姐说过，你一个知心朋友也没有，所以姐姐又怎么可能让你再承受孤独。我亲爱的小孩儿，既然我们是好姐弟，那就谁也不落下谁。我们要同时拥有另一半，我们要一起幸福一起快乐。

你说："我很少对别人付出那么多的感情。"我说："我很幸运。"你说："不是的，是因为姐姐值得我去爱……"其实小孩儿，姐姐忘了告诉你：姐姐最爱的那个男人是被姐姐叫作爸爸的人，而姐姐最疼的那个男生是被姐姐叫作小孩儿的你。你一样值得姐姐那么用心地去疼爱，那么用心去珍惜。你就是姐姐今生最美的遇见，是上天恩赐给姐姐最好的礼物。所以，亲爱的小孩儿，我坚信我们都不会成为彼此的过客。

4 我们都不是坚强的孩子

我们都一样不是坚强的孩子。只是我们都学会了伪装，学会了用坚硬的外壳小心翼翼地包裹住自己流泪的心。你说，曾经你的父母因为某些事闹离婚。闹得很大、很大。不用说我也可以想象那种每天争吵的场面，对一个孩子来说该是多大的伤害。每天只能蜷缩在角落里独自抱着双腿，任由泪水打湿双臂。因为除了最信任的父母，你没有可以依靠的肩膀。那一刻的你，该是多么的无助与绝望才会想到用自己的离去来换取所有人的安宁。小孩儿，我知道。看到两个自己最爱的人在互相伤害，你——一定心痛得无法呼吸。

　　我就是一个从小躲在角落里听着父母的争吵声长大的孩子。所以我知道那种提心吊胆的生活，我知道那种无助与无奈的心情，我知道那种一片狼藉的场面。所以小孩儿，我懂你。我们都不是坚强的孩子，只是都习惯用微笑去掩饰我们内心的脆弱；我们都不是那么快乐的孩子，只是我们都找不到孤独的出口。可是我说过：因为遇见了彼此，因为我们都是一样的孩子，所以我们要学会真正的坚强，学会发自内心的快乐。我亲爱的小孩儿，姐姐绝不允许你再孤独，因为你是姐姐的专属宝贝小孩儿……

5 你，离去，归来

　　你要去军训了。地点是我曾经去军训那个基地。

　　你说："姐姐，我舍不得你。"而我一样如此舍不得你。是的，我们从来就没有在一起生活过，但是突然要断了联系，还是会让我有点措手不及。就像那天去南站和我生活了十八年的兄弟告别一样。一个转身，泪洒一地……

　　你说："姐姐，小孩儿会想你的。"我说："想姐姐的时候记得抬头，因为天空里有我们彼此的倒影。"

　　你军训的第二天，太阳很猛烈，刺得我睁不开双眼。可是我依然要仰望天空，因为我知道你会在另一片天空等

亲爱的小孩儿

着我迎上你的目光。

在你军训的日子里，我很想念你。我习惯呆呆地看着那片属于我们的天空，想象着彼时的你是抬头仰望天空，还是把手放在胸口上感受着彼此跳动的思念？每当我想到你正住着我曾经住过的那栋楼，走着我曾经走过的小路，看着我曾经看过的风景，重复着我曾经的生活节奏，我总是会莞尔一笑。感觉这一切早已把我们紧紧地联系在一起。

纵使知道不会有回应，可我依然都要每天对着你二十四小时都亮着的超Q的头像发几句话，然后下线。点击"信息"进入"收件箱"在"已发信息"中不断翻看着我们过去发的信息，直到那些信息都熟稔于心，我亲爱的专属小孩儿还是没有回来……

五天后，你，终于回来了。亲爱的小孩儿，当听到你久违的声音，我突然就想哭了。五天，并不长，只是对等待的人来说一分钟也会变得很漫长。我说："小孩儿，你有没有想姐姐。"你说："有，每天晚上躺床上我都有想姐姐还有爸爸妈妈。"那一刻还有好多话想要对你说，还有好多事想要告诉你，只是突然就不知道该从何说起。

6 一直想，去看你

我一直说，等忙完了学业水平考试，我一定要去看看这个与我同在一个城市被我唤作小孩儿的男生，一定要去看看这个乖巧、懂事、思想单纯如一张白纸的男生。那时我想象中的你是一个干净、透明、有着清澈双眸的小孩儿。因为记得你说过，你的衣服都是白色的；记得你说过，你戴着和许嵩一样的眼镜；记得你说过，你爱打篮球。所以我想，你驰骋球场挥洒汗水的背影一定很帅，你浅笑的样子一定很迷人……

小孩儿，我一直在想，等见到你的那天，我要牵你的手走遍大街小巷，我们要对着天空对着全世界宣告我们是最幸福的两姐弟。可是很可惜，临近高三，我一直忙于各种考试，一直没能抽出时间去看看你这个乖巧的小孩儿。

7 天空，我们不老的承诺

你的爸爸终于带上你来到我的学校，我终于可以看到了你真实的模样。你有着一张清瘦的脸，一双乌黑而有光泽的眸，还有一身白色休闲装。和我想象中一样，你那么干净而清澈，如同当时的晴空。你亦如一股春风，轻轻一笑便能笑皱一池春水。

你，内心如同你的样子那么清澈，你那么懂事，那么贴心。和你走在路上，你一直叫我打伞，你说太阳太猛，怕我受不了。过马路时你一直在我的左右，紧紧牵着我的手。其实我一直害怕过马路，可是因为有你牵着，那一刻，我希望那一条马路没有尽头。你说，以后都要这样紧张牵着姐姐的手，一直走……途中，我们遇到一个卖"怡宝"矿泉水的小店，我激动地拉着你："小孩儿，小孩儿，快看那里。你是我的'怡宝'，嘻嘻。"然后我们幸福地笑了，那笑能灿烂一个冬季。

后来，你爸爸带着我们吃过晚饭，你们就要回去了。你牵着我的手，送我回到学校门口，你一直说："姐姐，天黑了，你快进学校吧。"而我固执地待在那里，看着你坐在叔叔车上的背影，在黑夜中慢慢远去……

风，很安静地吹着，我一抬头便看到了满天星辰。我想，明天必定依然是个艳阳天。下一个艳阳天，我们还会相见。亲爱的小孩儿，我们都要狠狠地幸福。在同一片天空下，这是我们彼此不老的承诺。我们一起走过的印记，已经在我们彼此的脑海里定格，一种叫"友谊"的情愫正在无声地蔓延，所以我笃定地相信，我们的故事永不落幕。

亲爱的小孩儿

亚　邪

"漂亮的小孩儿，今天有没有哭，是否弄脏了美丽的衣服，却找不到别人倾诉。小小的小孩儿，今天有没有哭，是否遗失了心爱的礼物，在风中寻找，从清晨到日暮。亲爱的小孩儿，快快擦干你的泪珠，我愿意陪伴你，走上回家的路……"

在播放器里听到这首歌的时候已经是深夜，外面星光璀璨，屋内没有开灯，只有电脑发出的一片惨白的光映在我脸上。很神奇的感觉，你的影子从我脑海里一闪而过，依旧是你最初单纯可爱的样子。

在我还只是个半大孩子的时候，因为一次转学，我认识了你。你比我更小，所以那时候的你就已经可以凭着自己萌萌的长相在学校里呼风唤雨，把众人收得服服帖帖。

你是个天生的小馋猫，恰巧学校的老师又都喜欢你喜欢得不得了。他们总是拿出一颗颗糖果在你面前晃悠，只是为了能够抱你一下，而你也每次都"上当"，撒开你的小短腿就跑了过去。也有些调皮的，等你跑过去才摊开其实空空如也的手掌，这时候你是一定会生气的，不知是因为没有得到心爱的糖果，还是因为受到了欺骗。

在我们这一大群孩子里边你最喜欢的是你的"豆豆"，其实是舅舅。那时你已经到了能够吐字吐得清楚的年龄了，可是这两个字的发音你却一直含混不清，虽然并不是多大的事儿，但是配上你原本就奶声奶气的声音，显得特别好笑。

我们相识得早，却也分离得早。

因为再一次转学，我离开了那个地方，此后的几年里，我再也没有见到过你。

再听到有关于你的消息，却是因为你的家里发生了变故。你爸妈离婚，然后是妈妈改嫁，爸爸再娶。这一系列事件让你瞬间从备受宠爱的小少爷沦落成了无人照料的小可怜。

我见过你那位后妈，也带着一个小孩子，生得还算漂亮，可不知怎么，我总觉得她看起来就不会像是一个好的后妈，一点都不和蔼可亲，甚至有点冷漠的样子。没想到的是，我的这种感觉很快就得到了验证。

你爸爸再婚之后把家搬到了小镇上，一些小道消息更是不胫而走，到处流窜。据说，那天你爸带着你后妈还有你的新哥哥三个人特潇洒地进了馆子去吃好吃的，却没有带上你，只在临走时给了你一块钱让你自己去买两个馒头填饱肚子。恰巧卖馒头的阿姨认识你，好心问你怎么没跟爸妈一起来，你小声回答着，他们要去下馆子。阿姨没再说话，只默默给你拿了两个最大的馒头。

直到现在，我想起来这个情景都还是会眼眶发红。那么一个小小的你，迎着凛冽的寒风，捧着两个热气腾腾的馒头，走在汹涌的人流中，与周围人声鼎沸一片热闹的景象格格不入。

没有人在身边为你挡风遮雨，没有人在前方等待着你。

所有人都在小声指责着你的爸爸和后妈，可是这并不能给你带来一点安慰，甚至只会让你感到更难堪。他们又怎么会懂呢？

又过了很长一段时间，我还是没有见过你，也没有再听到你的消息。相反，你后妈的出场率明显比你高了太多，我经常看到她，或是一个人招摇过市，或是他们三口一起招摇过市。你呢？或许在某束照进窗户的太阳光下数着灰尘吧。

后来，我终于见了你一次。是个阳光明媚的好日子，我跟朋友去湖边玩，在绕湖边走了整整一圈之后，你突然出现在了我的视线里。

彼时，你正屁颠屁颠地跟在你的新哥哥后边，一声一

亲爱的小孩儿

215

声地喊着"哥哥，等等我"。字字字正腔圆，清清楚楚。新哥哥却好像没听见一样，一路奔跑着到了妈妈怀里撒娇，你在后面气喘吁吁地跟着，然后停了下来。那一刻，真的心酸。

都是一样本该在妈妈怀里撒娇的年龄，却只能眼睁睁望着他们幸福的模样，想着自己妈妈的怀里此刻也正有着孩子在撒娇，却不是自己。好难过的吧。

那次之后，我就真的再没见过你，也没有再见过你们家的任何一个人。或许你们再次搬家了，或许我们以后都不会再见了，可是此时此刻，我却真的很想见你一面，看看你最近的改变，不说从前，不提未来，只是寒暄。

但愿你之后的每一次孤独有人共鸣，但愿你未来的人生之路不再遍地荆棘。

后记：不知道可不可以，但还是想把这篇文章献给每一个离异家庭的孩子，你们都是最坚强的孩子，希望你们每个人都能茁壮成长，从此平安喜乐，不再有羁绊。